Monika Nemetschek

Selig die Trauernden, denn sie sollen getröstet werden

Monika Nemetschek

Selig die Trauernden, denn sie sollen getröstet werden

Tyrolia-Verlag · Innsbruck-Wien

Mitglied der Verlagsgruppe „engagement“

Die Deutsche Bibliothek – CIP-Einheitsaufnahme

Nemetschek, Monika:
Selig die Trauernden, denn sie sollen getröstet werden /
Monika Nemetschek. –
Innsbruck ; Wien : Tyrolia-Verl., 1996
ISBN 3-7022-2056-9

Umschlaggestaltung: Mag. Elke Staller
unter Verwendung eines Fotos von Hellmut Santer
Gesetzt aus der Goudy 12/13 pt
Druck: Athesia-Tyrolia, Innsbruck
ISBN 3-7022-2056-9

Inhaltsverzeichnis

An der Schwelle des Todes

Mit diesem Buch, geschätzte Leser(innen), möchte ich Sie teilhaben lassen an meiner Trauer, meinem Fragen und Weinen, aber auch an meinem Glauben, Hoffen und Lieben.
Ungeschminkt und ehrlich nehme ich Sie mit an das Sterbebett meiner geliebten Mutter und in meine Trauerzeit.

Neuerdings ist Mutter an der Schwelle des Todes. Da beginne ich dieses Buch zu schreiben: die ersten Seiten, zehn Tage vor Mutters „Abreise", verfaßt in nicht enden wollenden Tagen und Nächten:
Mutter ist wieder im Krankenhaus, diesmal in Kärnten, an einem wunderschönen Ort in den Bergen. Ich darf rund um die Uhr bei ihr sein. Uns umgibt hier eine wohltuende Atmosphäre des Entgegenkommens und der Herzlichkeit. Ich bin sehr dankbar dafür.
Während Mutter im Augenblick ein wenig zu ruhen scheint, stehe ich an der offenen Balkontüre und blicke auf eine zauberhafte Landschaft. die noch schneebedeckten Gipfel der Gebirge sind hineingezeichnet in einen tiefblauen Himmel. Die strahlende Schönheit dieses Vorfrühlingstages schmerzt fast körperlich. Es ist der Kontrast, der weh tut: *draußen* – alles im Erwachen, im Aufbruch, voller Hoffnung auf Zukunft, ich kann sie riechen die Zukunft, die Frühling heißt; *drinnen* – alles im Entschlafen, im Abbruch, ohne Hoffnung. Ich rieche den Atem des Todes. Er ist nah, ganz nah. Und ich bin allein.

So vieles geht mir durch Kopf und Herz: Fragen, Ängste, Befürchtungen und ein bohrendes Weh in Anbe-

tracht meiner Ohnmacht und Hilflosigkeit im Hinblick auf Mutter.
Seit vier Wochen kann sie kein Wort mehr sprechen. Gelegentlich schreibt sie eine Mitteilung, einen Wunsch, eine Frage, in den letzten Tagen zunehmend unleserlicher.
Ich bin bemüht, ihren augenblicklichen Eindruck zu erfühlen und für sie zum Ausdruck zu bringen; erlöstes Kopfnicken ihrerseits, wenn es mir gelingt. Was mag wohl in ihr vorgehen?
Mutters rasselnder Atem reißt mich aus meinem Sinnen. Jetzt beginnt wieder dieser schreckliche Kampf um jeden Atemzug. Spätestens seit Mutters Todeskampf weiß ich, was es bedeutet: in den letzten Zügen zu liegen.
Ich verstehe nicht: Wir haben beide unsere Zustimmung zum Tod längst gegeben und es bleibt dennoch solch ein Kampf. Der Organismus gibt offensichtlich nicht so leicht auf.

Seit vier Wochen kann Mutter nichts mehr essen oder trinken. Jeder kleinste Versuch seitens der Schwestern, ihr etwas einzuflößen, beschwört einen Hustenanfall herauf, der in Erstickungsnähe führt.
Heute Morgen sagte mir der Arzt, es gäbe keinen Venenzugang mehr. Ob ich für das Anlegen eines Katheders in die obere Hohlvene oder für die Einführung einer Magensonde wäre? Ein zusätzlicher Eingriff!
Ich muß entscheiden.
Ich horche in mich hinein. Wie hätte Mutter entschieden? „Kein künstliches Hinauszögern“, hätte sie gesagt, „laßt mich endlich in Frieden heimgehen“. Das hätte sie gemeint, ich bin gewiß. Und dennoch habe ich das Gefühl, mit meiner Entscheidung das Todesurteil zu besiegeln. Ich, die ich sie so sehr liebe.

Das Ende von Mutters Leiden und Leben in dieser Welt ist nunmehr absehbar. Obschon die Ärzte und Pflegerinnen alles tun, um die Schmerzen zu bekämpfen, habe ich den Eindruck, daß Mutter leidet.
Während sie noch weitere fünf Tage und Nächte ringt, beginne ich das Ende zu ersehnen. Jeder Atemzug ist zur Pein geworden. Ich will nur mehr eines, daß sie erlöst wird von aller Qual!

Und dann ist es so weit. Für ein paar Augenblicke nur muß ich das Zimmer verlassen. Die Stationsschwester meint, einige Minuten würden keine Veränderung bringen. Sie setzt sich an meinen Platz an Mutters Bett, um das Rosenkranzgesätzchen „der in den Himmel aufgefahren ist" zu beten. Sie hat kaum damit begonnen, da ist es geschehen. Ganz leise, ein lautloser letzter Atemzug und dann hat Mutter ausgelitten. Endlich!
Ich nicht! Denn da komme ich ins Zimmer zurück. eine Schwester sagt mir am Gang: „Es ist soweit."
Mir ist, als durchführe mich ein Blitz. Das kann doch nicht sein, jetzt, da ich Tag und Nacht fast ununterbrochen bei Mutter war! In den paar Minuten, da ich weggewesen, ist sie „fortgegangen". Ich fasse es nicht! Wie gelähmt bin ich vor Schmerz.
Keine Spur von Erleichterung! Kein Hauch eines Trostes! Ein unsagbares Weh durchbohrt mich.
Immer bin ich da gewesen, jetzt im entscheidenden Moment – nicht, in jenem Moment, auf den wir nunmehr ein langes Jahr gemeinsam zugegangen sind.
Ich war *draußen*, als sie *drinnen* ihren letzten Atemzug tat.
„Warum nur, warum bist du in diesen paar Minuten ‚davongegangen'?" schreit es in mir.
Wie in Trance gehe ich an die notwendigen Erledi-

gungen. Und ich weiß, ein Teil von mir ist mitgestorben, in doppelter Hinsicht.

Am Tag danach: Dasselbe Haus, dieselben Straßen, dieselbe Stadt – alles wie immer und doch nichts mehr, wie es war!
Mein Herz schreit nach ihr, die ich verlor: „Wo nur, wo bist du? Ich finde dich nicht!"
Meine Zeitrechnung hat sich geändert, alles hat sich verändert.
Äußerlich „funktioniere" ich „normal", innerlich bin ich leer. Vom Erwachen aus einem kurzen, von schweren Träumen geplagten Schlummer bis zum Versuch des Einschlafens spät nachts ist bohrender Schmerz mein Begleiter. Und immer aufs neue nagt es in mir: „Ich war nicht dabei!"
Mit dem Verstand suche ich dieser peinigenden Gedanken Herr zu werden.
Ganz langsam klärt sich etwas in mir und ich werde gefaßter. Ich beginne zu verstehen: diesen letzten Schritt – aus dieser Welt heraus und in die neue Welt hinein – muß jeder Mensch alleine gehen. Und dies selbst dann, wenn liebende Angehörige das Sterbebett säumen. Dabei ereignet sich das Sterben nicht erst mit dem letzten Atemzug. Dieser markiert lediglich das für uns wahrnehmbare Ende des Sterbeprozesses. Und während dieses gesamten Prozesses – den letzten Akt ausgenommen – war ich Mutter stets nahe. Auch schien sie mir während der letzten beiden Tage und Nächte schon weit fort gewesen zu sein.
Wie sich doch Verstand und Herz mühen, das Erlittene verstehbar zu machen und in Einklang zu bringen!

Ich weiß, es ist noch lange nicht „ausgestorben"! Es gilt nunmehr, mit der Trauer leben zu lernen und die noch ausständigen „Tode“ zu „leisten“: Das Begräbnis will überstanden werden, viele Male muß das Ende erzählt werden …

Ich soll Ordnung machen im Kleiderschrank. Äußerer Anlaß: Kleidersammlung der Caritas. Es fällt mir nicht schwer, schöne, gute Sachen von mir zu verschenken. Aber da hängt Mutters Hauskleid, der Schlafrock aus der letzten Zeit, ihr rotes Umhängetuch – ich nehme die Dinge in die Hand, stehe vor dem Sammelsack und bin nicht fähig, sie der Anonymität des Sackes zu übergeben! Weinend hänge ich Mutters Sachen in den Schrank zurück.
Ich will noch zuwarten, bis ich des Weggebens fähig sein werde.

Ein Jahr danach: Unsere große, gemeinsame Wohnung muß aufgelöst werden. Ich erfahre, wie schmerzlich es ist, mit den irdischen Kostbarkeiten einer gemeinsamen Vergangenheit allein zurückzubleiben. Jetzt warte ich auf Interessenten für die vielen kleinen und großen schönen Dinge: Möbel, Teppiche, Wandbehänge, Luster, Klavier … Ich muß alles weggeben … Mutter war so stolz gewesen auf ihr gepflegtes, geschmackvoll gestaltetes Heim. Jetzt gehen fremde Menschen abschätzend, taxierend durch die Räume. Es tut mir fast physisch weh, wie sachkundig und sachbezogen gefeilscht und gerechnet wird …
Seit Tagen sitze ich vor Schränken, Fächern und Laden. Fotos aus glücklichen Zeiten fallen mir in die Hände, Briefe aus längst vergangenen Tagen, inhaltsschwer, erinnerungsträchtig. Und immer aufs neue überkommt mich beim Räumen der Schmerz. Dann lasse ich alles stehen und liegen und flüchte für ein paar Stunden.

Wieder zurückgekehrt in die halbausgeräumte Wohnung, setze ich mich ein allerletztes Mal an den Flügel. Klavierspielen war Mutters liebstes Hobby. Und wie hatte sie es doch verstanden, in die Tasten zu greifen! Ihrem Spiel zu lauschen, gehört zu meinen schönsten Kindheitserinnerungen.
Bald werden sie kommen, um das Instrument abzuholen. Nicht allein das Instrument, sie werden ein kostbares Stück meiner Vergangenheit forttragen!
Am ... werde ich die Wohnungsschlüssel abgeben. Damit ist äußerlich ein letztes Zeichen für das Abschließen mit dem Vergangenen gesetzt.
In der Folge wird es darum gehen, auch innerlich das Gewesene abzuschließen, loszulassen.

Nach diesen sehr persönlichen „Abschiedsnotizen" reifte in mir der Entschluß, das nunmehr vorliegende Buch zu schreiben. Während der Arbeit daran habe ich mich bisweilen gefragt, ob es wohl zulässig und nicht vermessen sei, ein tröstliches Trauerbuch schreiben zu wollen? Eines, das geeignet ist, den Menschen in der Bodenlosigkeit der Trauer aufzufangen, ihm in der grenzenlos scheinenden Einsamkeit zu begegnen, um in die Ausweglosigkeit seines Schmerzes einen Pfad zu legen?
Ein Unterfangen, das menschlich gesehen zum Scheitern verurteilt wäre, verließe ich mich dabei allein auf menschliche Überlegungen und Worte. Eben damit will ich mich nicht begnügen, weiß ich doch gut, wie facettenreich das Geschehen Sterben in das Leben der Menschen einbricht: urplötzlich oder langsam schleichend, durch fremde Gewalt oder durch eigenes Handanlegen, durch einen unvorhersehbaren Unglücksfall, entspringend aus menschlichem Versagen oder durch die Verkettung verhängnisvoller Um-

stände. Niemand ermißt daher im letzten, was der Zurückgebliebene leidet, womit er sich herumschlägt, welcher Stachel beständig in ihm bohrt.
Daher wird von den angebotenen Überlegungen nicht alles für jeden brauchbar oder bedeutsam sein. Nehmen Sie das heraus, was Sie persönlich anspricht, berührt, tröstet. Wenn Sie ein andermal im Buch blättern, kommen vielleicht wieder andere Zeilen zum Klingen.
Zur Erklärung sei noch angefügt: Es wird in der Folge immer die Rede sein vom geliebten Verstorbenen. *Er* ist es, um ihn geht es. So kann ich darauf verzichten, ständig zwischen er – sie – es wechseln zu müssen. Es würde den Sprachfluß zu sehr stören.
Eine Bitte habe ich an Sie, denen die Dimension des Glaubens fremd ist oder verschlossen scheint: Legen Sie das Buch nicht weg, wenn Sie die Botschaft vom „Gott-mit-uns" anweht. Halten Sie das im Moment Unverständliche, das für Ihren Verstand Unmögliche aus, lassen Sie es stehen und versuchen Sie, für Überraschungen offen zu bleiben.
Von Herzen wünsche ich für Sie alle, daß meine Weise des Umgehens mit dem Abschied auch für Sie hilfreich sei.
Ich bitte Gott für jeden einzelnen von Ihnen, daß er Sie beim Lesen dieses Buches tröstend und heilend umfange.
Mögen wir alle – geeint in einem unsichtbaren Miteinander des Trauerns – der Verheißung Jesu neu und kraftspendend inne werden:

Selig die Trauernden,
denn sie sollen getröstet werden!

Begleitung in der Endphase

Begleitung durch schweigende Nähe

Das Mitgehen mit einem geliebten Menschen hinein in den letzten Abschnitt seines Lebens, dieses Begleiten bis an die Schwelle zum neuen Leben, ist für den Sterbenden eine Wohltat, für den Begleiter ein Geschenk. Ein Geschenk allerdings, dessen Geschenkhaftigkeit der Mensch erst im Nachhinein erfaßt, zumal es im Augenblick eher als schmerzliche Aufgabe, denn als beglückende Gabe erfahrbar wird. Sind doch beide, der Sterbende und sein Begleiter in dieser Situation aufs äußerste gefordert.

In der Regel wird jemand, der in einer lebendigen Gottesbeziehung lebt, den Anforderungen dieses Augenblicks wohl eher gewachsen sein. Indes, es gibt auch eine gnadenhafte Befähigung, die uns – wie „aus heiterem Himmel" – an den Knotenpunkten unseres Lebens zufallen kann, worüber wir uns im Nachhinein gar nicht genug wundern können. Solch ein „Schub" an Kraft für das Durchtragen kommt jedoch nie auf Vorrat, sondern „in jener Stunde". Und nicht selten ist in „jener Stunde" auch der „kairos", der „günstige Augenblick" verborgen, der eine Wesensverwandlung, eine „Mutation" möglich macht und uns so tauglich werden läßt für das, was uns abverlagt wird.

Leidvoll allerdings bleibt die Begleitung in der Endphase allemal.

Gefragt ist dabei zunächst das wortlose, von Herzen kommende Nahesein eines Menschen, der dem Sterbenden viel bedeutet. Seitens dieses Begleiters sind nicht Tagen, nicht Tätigkeiten verlangt, er selbst ist

gefordert in der wachen Aufmerksamkeit des Herzens. Ein höchst mühsames Unterfangen, zumal wir uns eher dort bewähren, wo es um verändernde Aktivitäten geht. So ist uns in der Regel schon leichter, wenn wir dem Kranken etwas zu essen oder trinken einflößen, ihn ein wenig frisch machen oder wenigstens sein Bett aufschütteln können. Selbst das Umwässern der Blumen im Krankenzimmer erweckt in uns den Eindruck, noch etwas für den geliebten Menschen tun zu können; sind wir doch gewohnt, unsere Bedeutung an der Leistung, die wir erbringen, zu messen.
Nunmehr sind Tätigkeiten und Leistungen nicht mehr gefragt. Sie haben sich erübrigt. Jetzt gilt es, mit dem Sterbenden dem Tod entgegenzuharren, nein, nicht dem Tod, sondern ihm, dem Herrn über Leben und Tod. Die kleine hl. Theresia hat es ausgesprochen: „Nicht der Tod kommt mich holen, sondern der liebe Gott."
In der sehnsüchtigen, wortlosen Erlösungserwartung des „maranatha", des „Komm, Herr Jesus", gilt es zu verharren. Erst dieses wache Schweigen angesichts des Mysteriums des Todes und der Auferstehung, macht uns fähig für die Bestärkung durch zugesprochenen Glauben.

Bestärkung durch zugesprochenen Glauben

Es ist eine große Hilfe, wenn ein vertrauter Mensch versucht, manches von dem, was im Sterbenden vorgeht, zur Sprache zu bringen. Es selbst zu tun, ist der Schwerkranke oder Sterbende in der Regel nicht mehr imstande. Dies hat zur Folge, daß er mit einer Flut an Gedanken und Ängsten allein, sich selbst überlassen bleibt – ein Umstand, der die Pein ver-

mehrt. Welche Wohltat, wenn jemand sensibel und intuitiv genug ist, um das an- und auszusprechen, was den Sterbenden bewegt, bedrängt, ängstigt.
Freilich, der Versuch dies zu tun, setzt eine liebevolle Beziehung voraus und verlangt vom Begleiter einfühlsames Mitgehen und große Behutsamkeit. Dabei soll er bemüht sein, nicht allein bei dem stehen zu bleiben, was als Bangigkeit, Sorge oder Angst im Sterbenden gegenwärtig ist, sondern all das gedanklich weiterzuspinnen, dem Ziel entgegen.
In dieser Weiterführung bringt sich der Begleiter als Glaubender ein. Er läßt den Sterbenden partizipieren an seinem Glauben, Hoffen und Lieben. Wie das kleine Kind am Anfang seines Lebens ist der Sterbende an dessen Ende angewiesen auf Mitvollzug – auf Glauben, Hoffen und Lieben in Teilhabe.
Solch ein Gespräch – wohlgemerkt es ist Gespräch – könnte etwa folgend ablaufen:

Liebes, Du hast Angst?
Viele Fragen bohren in Dir.
Wie soll alles weitergehen?
Kommt jetzt der Tod?

Jesus Christus kommt.
Er sagt: „Fürchte dich nicht,
mein bist du,
ich habe dich erlöst.“
Du brauchst keine Angst zu haben,
bei Jesus bist Du aufgehoben, geborgen.
Von ihm wirst Du hineingetragen ins neue Leben.

Es ist wichtig, sehr langsam und deutlich zu sprechen. Dann, wenn der Sterbende ins Gespräch „einsteigt“ – man merkt es zumeist am Mienenspiel oder an Gesten

– empfiehlt es sich, Pausen einzulegen. Insbesondere dort, wo Sie als Begleiter auf den qualvollen Augenblicksbefund die hoffnungsvolle Zusage aus dem Glauben folgen lassen. Der Sterbende soll sie „verkosten“ dürfen, auf ihr sich ausruhen, entspannen, zum Frieden kommen. Worte der Zusage Gottes sollen wiederholt werden, solang der Sterbende daraus „Leben“ schöpft.
Ausgangspunkt, Einstieg für solch ein „Gespräch“ ist die jeweilige Grundbefindlichkeit des Sterbenden. Wenn Sie etwa seiner Hilflosigkeit, seines Ausgeliefertseins gewahr werden, greifen Sie die Situation auf, bringen Sie sie zur Sprache:

Gelt, nichts geht mehr!
Nicht allein aufsetzen, nicht umdrehen, nicht aufstehen …
so arm wird der Mensch;
jeder, früher oder später.
Aber das ist nicht das Letzte!
Bald beginnt ein neuer Anfang.
Gott spricht zu dir:
„Siehe, ich mache alles neu!“
alles –
dann hast du neue Augen, Beine, Hände …
ein neues kraftvolles Herz …
dann wird alles gut sein, ganz gut!
Wird das schön werden!

Merken Sie, daß der Sterbende dabei ist, in der nach ihm greifenden Müdigkeit zu versinken, dann sagen Sie ihm Gottes wache, behütende Nähe zu:

Liebes, du bist müde,
sterbensmüde –

du darfst müde sein.
Du brauchst nichts mehr leisten,
dich nicht mehr plagen.
Du darfst alles aus der Hand legen.
Laß alles aus,
laß dich selber aus, laß dich fallen!
„Gott, der dich behütet, schläft nicht!"
Du kannst nicht tiefer fallen
als in die Arme Gottes.
Mit ewiger Liebe hat er dich geliebt,
er wartet darauf, dich heimzuholen,
dich heil und glücklich zu machen.

So oder ähnlich, wie es Ihnen eben von Herzen und Lippen geht, können Sie den Sterbenden durch die Zusage Ihres Glaubens in seinem letzten, entscheidenden Reifen bestärken und trösten. Wiederholt habe ich am Bett Sterbender erfahren dürfen, wie sie sich am angebotenen Zuspruch festhielten, um daraus Kraft und Zuversicht zu schöpfen.

Befriedung durch vertrauendes Beten

Eine gute Möglichkeit hilfreicher Begleitung besteht auch darin, dem Sterbenden, der nach und nach seiner Hilflosigkeit, Müdigkeit, Ängste nicht mehr voll gewahr wird, kurze, inhaltsschwere Gebetssätze aus der Hl. Schrift vorzusprechen – immer begleitet von Ihrem Bemühen, diese selbst in Glaube und Hoffnung innerlich zu realisieren, einzuholen.

Vater, in deine Hände
lege ich meinen Geist. (Lk 23, 46)

Jesus, hab Erbarmen mit mir! (Mk 10, 47)

Bleibe bei uns, Herr,
denn es will Abend werden. (Lk 24, 29)

Der Herr ist mein Hirte,
nichts wird mir fehlen.
Muß ich auch wandern in finsterer Schlucht,
ich fürchte kein Unheil;
denn du bist bei mir. (Ps 23, 1.4)

Auf dich, Herr, vertraue ich,
in deiner Hand liegt mein Geschick. (Ps 31, 15f)

Zu dir, Herr, erhebe ich meine Seele.
Mein Gott, auf dich vertraue ich. (Ps 25, 1f)

Der Herr ist mein Licht und mein Heil.
Vor wem sollte ich mich fürchten? (Ps 27, 1)

Ich aber bin gewiß zu schauen
die Güte des Herrn im Lande der Lebenden
(Ps 27, 13)

Gott, bleib doch nicht fern von mir!
Mein Gott, eile mir zu Hilfe! (Ps 71, 12)

Verlaß mich nicht, wenn meine Kräfte schwinden.
(Ps 71, 9)

Der Herr vergibt die Schuld
und rettet unser Leben. (Ps 103)

Herr, du kennst mein Herz;
bei dir bin ich geborgen. (Ps 139)

Auf dich, Herr, habe ich meine Hoffnung gesetzt.
In Ewigkeit werde ich nicht enttäuscht. (Te Deum)

Während der Begleiter dem Sterbenden solche lebensspendenden Sätze zusagt, gerät er selbst mehr und tiefer ins Beten. Das ist der Zeitpunkt, da beide miteinander sozusagen der Befriedung durch vertrauendes Beten gewahr werden können.
Diesem Beten am Bett eines Sterbenden kommt ganz besondere Bedeutung zu: es „erhellt" die Dämmerung, „belichtet" die düstere Atmosphäre, es hüllt den umnachteten Menschen in Licht, wie in ein Gewand. Dem Gebet wohnt eine solche Kraft inne, daß es dem zunächst in Dunkelheit Fallenden zu „umlichten" imstande ist. Dabei kommt es nicht so sehr darauf an, was der Begleiter betet, als vielmehr wie er betet, ob er sich selbst in das Gebet „hineinfallen" läßt.
Ich bin stundenlang zunächst an Vaters, schließlich an Mutters Sterbebett gesessen und habe sie „umbetet". Bisweilen „flüsterlaut", dann wieder im Schweigen, öfter auch leise singend. Vor allem Mutter – wir haben früher oft und viel miteinander gesungen – habe ich jene religiösen Lieder vorgesungen, von denen ich wußte, daß Mutter sie gerne sang, zu ihnen eine emotionale Beziehung hatte. Viele der alten Herz-Jesu-, Sakraments-, Oster-, Marienlieder. Zuweilen hat sie versucht, ihre Lippen dazu zu bewegen. Auf meine stets vorausgehende Frage: „Singen wir mitsammen?" hat sie bis auf die letzten drei Tage deutlich sichtbar genickt. Und jedesmal hatte ich den Eindruck, daß dieses Singen – ein doppeltes Beten – Frieden und Zuversicht vermittelte, ihr und mir. Es ist wohl so, daß der Sterbende selber nicht mehr fähig ist, seine Gedanken in den Griff zu bekommen, zu ordnen oder auf Bestimmtes hinzulenken. Das ist auch der Grund, daß Beten für einen Sterbenden allein fast nicht möglich ist. Er *schafft* es nicht mehr.
Angesichts dieser Situation ist es eine Wohltat, ein

wahres Geschenk, wenn jemand die Rolle des betenden Sterbebegleiters übernimmt. Es ist so etwas wie ein „Hebammendienst", Geburtshilfe ins neue Leben, eine Art „Lotsendienst" ans „andere Ufer"! Zugegeben, er fordert den Begleiter in einer kaum überbietbaren Weise ein und heraus.
Ich gebe zu, daß mein betendes Singen am Sterbebett meiner geliebten Mutter nicht selten von Weinen erstickt wurde, zumeist dann, wenn Text und Melodie mit der Augenblickssituation übereinstimmten, wie etwa „Herr, komm in der letzten Stunde …"; oder: „Jesu Herz, mein Trost im Leben, in der Todesstund mein Hort …"; oder: „Wenn ich einmal soll scheiden, so scheide nicht von mir, wenn ich den Tod soll leiden, so tritt du dann hierfür. Wenn mir am allerbängsten wird um das Herze sein, so reiß mich aus den Ängsten, kraft deiner Angst und Pein."
Dankbar war ich dafür, daß ich mit Mutter in einem Zimmer allein sein durfte. Die Atmosphäre, die Beten erlaubt, wird nämlich gestört, wenn noch andere Kranke oder Besucher im Raum sind. Die notwendige Intimsphäre ist in solchem Fall nicht gegeben und die uns innewohnenden Hemmungen, mit jemandem laut zu beten, fallen doppelt erschwerend ins Gewicht. Des ungeachtet bleibt ein unausgesprochenes, inneres Beten möglich, das seine Wirkung ebenso entfaltet wie das laut formulierte. Sehr gut in dieser Phase der Begleitung eignet sich auch das Rosenkranzgebet, das mit seiner ständigen Wiederholung sammelt, trägt und befriedet.
Der Begleiter soll jene Form und Weise des Betens wählen, die der Augenblick zuläßt und die von ihm als möglich und passend empfunden wird.

„Ich bin bei dir!"

Eines jedoch muß noch bemerkt werden gegen Ende dieses Kapitels, in dem es um die Sterbebegleitung durch einen liebevollen Menschen ging: Die Zusage: „Ich bin bei dir" – in der Kindheit ein Zauberwort, von der Mutter zugesagt, auch im Laufe des Lebens von großer Bedeutung, angesichts des Todes verliert sie ihre tröstende, bergende Kraft. Dieses menschliche Ich, das durch ein ganzes Leben liebevoller, treuer Begleiter war, jetzt, in der Konfrontation mit dem Tod, in der existentiellen Bedrohung, erweist es sich als nicht tauglich, nicht stark genug. Der Arm der Liebe, der ein Leben lang Stütze, Hilfe, Halt geboten hat, nunmehr ist er zu schwach. Die vertraute Stimme, die so oft die Angst zu vertreiben imstande war, durch die gelebte Zusage der Nähe, sie erreicht den Sterbenden nicht. Er schickt sich an, auf die „große Reise" zu gehen, und diese muß allein gewagt, allein bewältigt werden. Und dem begleitenden Menschen ist es unmöglich, auf diese Reise mitzukommen. Den letzten Weg muß jeder allein gehen. Oder doch nicht?

Jener Vater, der sein sterbendes, dreijähriges Töchterchen im Arm hielt, flüsterte ihm leise zu: „Geliebtes, du gehst jetzt von meiner Umarmung in die Umarmung Gottes." Wie recht er doch hatte mit dieser Zusage!

Eine der faszinierendsten Stellen des Alten Testaments ist jene, wo der Unfaßbare, der Unendliche, sich mit seinem Namen offenbart und dabei ein kostbares, beglückendes Geheimnis enthüllt: „Ich bin der ‚Ich bin da'!" (Ex 3, 14)

Dieser Gottesname des Alten Testamentes, Jahwe, ist eine Wesenskundgabe: „Ich bin bei dir." Nicht anonyme, kalte, lauernde Allgegenwart ist das Wesen die-

ses Gottes, sondern zugewandte, liebevoll bergende Nähe. Vor allem auch dort, wo unsere Möglichkeiten und Fähigkeiten kapitulieren müssen.
Das „Ich-bin-bei-dir", bislang von Mensch zu Mensch beteuert, jetzt, da es nicht mehr klingt, jetzt, da die menschliche Liebe nicht mehr ausreicht, sagt es Gott selbst. Und nur er vermag die beglückende Verheißung, die in dieser Liebeszusage verborgen ist, in der Tat einzuholen.
In Leben, Sterben und Auferstehung Jesu wird uns diese Nähe Gottes greifbar verbürgt.
Gott geht in Jesus Christus in den Tod, um uns dort zu erwarten, uns im Tod zu treffen. Mit jedem, der stirbt, geht er durch das Tal des Todes. „Nichts kann uns scheiden von der Liebe Christi ..." (vgl. Röm 8, 35ff).
„Ob wir leben oder sterben, wir gehören dem Herrn." (Röm 14, 8)

Von Gottes bergender Liebe umarmt

Somit ist keiner jemals allein, auch nicht im Sterben, zumal er dort, wo menschliche Nähe nicht mehr möglich ist, in die Umarmung Gottes fällt.
Das ist es, war wir alljährlich zu Ostern feiernd bedenken: der leid- und todenthobene Gott leidet und stirbt in Jesus Christus, damit diese dunkelsten Seiten menschlicher Existenz von seiner liebevollen Nähe durchwaltet und durchlichtet seien.
Jesus Christus hat in Tod und Auferstehung ausnahmslos alle „Räume" menschlichen Seins mit Leben und Licht erfüllt. Es gibt kein dunkles Loch mehr, keinen Abgrund, in den der Mensch stürzen könnte. Alles ist von Gottes Liebe durchflutet. Er ist es, in Je-

sus Christus, der Dunkel und Einsamkeit ein für allemal bannt.
Und genau dort, wo wir den Eindruck haben, daß nunmehr alles aussichtslos, hoffnungslos und trostlos sei, offenbart der nahe Gott die lebensstiftende Kraft seiner Liebe.
Unsere Sinne allerdings sind nicht imstande, in diese Dimension einzudringen, allein der Glaube berät uns richtig. Im Leben wie im Sterben dürfen wir uns der in Jesus Christus geschenkten Liebeszusage Gottes anvertrauen.
In ihr sind unsere geliebten Verstorbenen aufbewahrt und aufgehoben für das ewige Leben, für das immerwährende Miteinander in einer nie geahnten Fülle und Beglückung.

Im ersten Schmerz

Leere, nichts als Leere

Die Parten sind verfaßt, gedruckt, verschickt; die Gänge zu Ämtern und Behörden sind erledigt. Vielleicht hat es bei Ihnen keine Streitigkeiten um das Erbe gegeben – ein Glücksfall mitten im Trauern! Dann das Begräbnis, Sie haben alles arrangiert, es hat gepaßt, auch die Grabreden... Das nachfolgende Mahl war ein friedliches, gelungenes Abschiedsessen, hoffentlich!

Wie immer es auch gewesen sein mag – jetzt ist es vorbei. Überstanden! Sie finden, Sie hätten sich ganz gut gehalten heute. Jetzt gehen Sie nach Hause, oder wohin gehen Sie eigentlich? In das Haus, in die Wohnung, Ihre Wohnung, die auch die seine war, viele Jahre, Ihr halbes Leben vielleicht. Und dort wartet auf Sie die Leere, die schreckliche Leere. Die Aktivitäten der vergangenen Tage haben ihr nicht erlaubt herauszutreten, sich breit zu machen. Jetzt aber ist ihre Stunde gekommen. Alle haben sich verabschiedet. Vielleicht ist noch jemand bei Ihnen geblieben für die erste Zeit, die erste Nacht... Wie immer dem auch sei, früher oder später wird Sie die Leere anspringen und der Schmerz über sein Fehlen wird Ihr Herz zu zerreißen drohen.

Sie gehen in sein Zimmer, verhalten Ihren Schritt an seinem Bett, schließen die Augen – er muß doch da liegen, seine Hand nach Ihnen ausstrecken, Ihnen ein Wort zusagen! Nichts, alles bleibt still, das Bett bleibt leer. Und doch haben Sie das dumpfe Gefühl, als wäre er noch im Raum. Wachen Sinnes versuchen Sie den Hauch seiner Nähe wahr zu nehmen, irgendwie

möchten Sie ihn zu fassen bekommen. Sie setzen sich an sein Bett. Wieviele Stunden, Tage, Nächte, haben Sie hier gesessen, bangend und hoffend. Aus. Es ist vorbei. Und dann bricht der ganze Schmerz wieder aus Ihnen hervor. Lassen Sie jetzt der Tränenflut freien Lauf! Es ist gut, wenn Sie weinen können, muß doch vieles aus Ihnen herausgeschwemmt werden.
In der Folge wird es Augenblicke geben, da werden Sie sich selbst nicht verstehen. Sie hatten sich doch mit dem Gedanken an sein Sterben vertraut gemacht. Sie waren, wie Sie dachten, schon darauf vorbereitet. Und jetzt? Da es wirklich geschehen und in der Begräbnisfeier sozusagen veröffentlicht ist, kommt Ihnen die ganze Tragweite dieses endgültigen Abschieds erst so richtig zum Bewußtsein.
Dabei haben Sie noch vor einigen Wochen gedacht, Sie würden es schon alleine schaffen. Es gäbe schließlich auch positive Aspekte: Sie würden endlich wieder ungestört durchschlafen können, das ständige Hasten und In-Spannung-Sein würde wegfallen, die Verpflichtungen in Familie und Beruf würden sich wieder besser koordinieren lassen, und und …
Jetzt jedoch fühlen Sie keinerlei Erleichterung oder Befreiung. Nur eine schreckliche Leere. Leere in der Wohnung, in Ihrem Leben, in Ihrem Innern. Gähnende Leere und das Gefühl, von ihr verschlugen zu werden. Was Ihnen übrigens gleichgültig ist im Augenblick, mögen Sie doch verschlugen werden! Gibt es doch hier und jetzt niemanden und nichts, was Ihr Leben zu füllen geeignet wäre.
Einzig er, dessen Weggang sie beweinen, hätte das vermocht. Sie halten es nicht mehr aus zu Hause. Sie möchten auf und davon. Ihr Zuhause hat das Bergende verloren. Er, bei dem Sie daheim waren, er, bei dem Sie stets *ankommen* konnten, er ist nicht mehr da.

Vielleicht spüren sie einen unbändigen Drang, auf den Friedhof zu gehen, zum Grab. Aufgraben möchten Sie es, ihn ausgraben. Das jedoch, was dort drinnen liegt, ist nicht mehr der von Ihnen so geliebte Mensch.

Was liegt im Grab?

Eine junge Mutter, deren Erstgeborenes – ein mit großer Liebe erwartetes Baby – im Alter von vier Wochen verstorben war, erzählte mir, von heftigem Schluchzen geschüttelt: „In manchen Nächten meine ich verrückt zu werden; insbesondere dann, wenn es draußen stürmt und schneit. Da überkommt mich der fast unwiderstehliche Drang, zum Grab zu gehen, um mein Kleines auszugraben. Der Gedanke, es friere im Sarg und ich liege untätig im warmen Bett, quält mich entsetzlich. Ich meine, es herausholen zu müssen aus der kalten Erde, um es in meinen Armen wiegend zu wärmen."

Ganz behutsam habe ich versucht, ihr klar zu machen, daß ihr geliebtes Kleines nicht unter der Erde liegt und gewiß auch nicht friert.

Das Grab ist *nicht* die letzte Ruhestätte des Menschen, es ist *nicht* der Ort, der den Verstorbenen festhält bis zur Auferstehung von den Toten.

Tod und Auferstehung fallen in eins zusammen. Im Grab liegt nicht mehr und nicht weniger als das, was zu dieser Welt gehört. Ein alter Grabspruch mag diesen Sachverhalt verdeutlichen:

Was wir bergen in den Särgen
ist das Erdenkleid,
was wir lieben, ist geblieben,
bleibt in Ewigkeit.

Im Sarg liegt nur das „Erdenkleid“. Der von dieser Welt „Abgereiste“ bedarf seiner nicht mehr. Er hat mit seinem Sterben das Erdenkleid verlassen, „ausgezogen“, um für die aufbrechende Zukunft neu „angezogen“, neu „eingekleidet“ zu werden. Das abgenützte, zerschlissene Erdenkleid hat ausgedient, es wird der Erde, von der es genommen war, zurückgegeben.
Eine Bekannte erzählte mir geschockt, beim Begräbnis ihres Vaters sei etwas Schreckliches passiert: den Totengräbern sei der Sarg entglitten, mit Gepolter in die Grube gefallen und aufgesprungen. Der Leichnam sei dabei sichtbar geworden. Die Anwesenden waren entsetzt und einige fragten, was das wohl zu bedeuten habe.
Nichts! Es wurde lediglich das Gesetz der Schwerkraft falsch eingeschätzt – eine Panne im unpassendsten Augenblick. Nicht weiter bedeutungsvoll, betrifft sie doch lediglich das „Erdenkleid“, das „hinuntergefallen“ ist.
Die Nahestehenden allerdings assoziieren – wohl unbewußt – das peinliche Vorkommnis tiefgründig mit: Sie haben ihn fallen lassen! Ein Gedanke, der nicht zufällig aufsteigt, sitzt doch tief in unserem Innern die Urangst, wir könnten ins Nichts fallen, könnten fallen gelassen werden.
Nein! Gott, der ein Gott des Lebens und der Lebendigen ist, läßt *keinen* Menschen fallen, er fängt jeden auf! Im Sterben holt er den Menschen ein, holt ihn heim in die einzig von ihm durchwirkte, erfüllte Seinsweise und „kleidet“ ihn dieser gemäß neu ein. Oder anders formuliert: er rüstet ihn aus für das neue Leben.
Ein Vergleich mag das Gemeinte verdeutlichen. Wenn jemand von Bord eines Schiffes geht, um im Meer zu tauchen und die Unterwasserwelt zu ent-

decken, dann kann er dies nur, wenn er sich entsprechend „kleidet". Er braucht dazu einen Taucheranzug samt Zubehör. Derart zweckgerecht gerüstet, kann der Überstieg vom Leben an Land ins Leben unter Wasser gelingen. Wieder an Land wird sich der Taucher seiner eben noch notwendigen Ausrüstung entledigen, zumal sie sich nunmehr als unbrauchbar, ja lästig und hinderlich erweist.
Sie verstehen den Vergleich. Unser Körper ist sozusagen unsere „Erdenausrüstung". Beim Ausstieg aus dieser grobstofflichen Welt erübrigt sie sich. Sie hat ihren Dienst erfüllt und wird durch eine „Ausrüstung" ersetzt, die der neuen Seinsweise gemäß ist: eine „Himmelsausrüstung" sozusagen.
Aber keine Sorge, der Mensch, den Sie geliebt haben, bleibt ident mit sich, er wechselt nur seine „Bekleidung", oder besser gesagt: Der „Stoff" seiner „Bekleidung", seiner „Ausrüstung" ändert sich.
Nach christlicher Tradition existiert die Seele nicht leiblos, im Gegenteil: Leib und Seele sind eine Einheit. Der Christ glaubt an die Auferstehung des Fleisches. Das heißt, daß auch unsere leibliche Existenz nach dem Tod wiederhergestellt wird, wenngleich in anderer „Stofflichkeit". Und eben das wollte ich in der vorausgegangenen Überlegung verdeutlichen!
In diesem Zusammenhang bin ich des öfteren gefragt worden, ob wir einander im neuen Leben wieder erkennen. Gewiß! Der Mensch bleibt ja derselbe, nur wird er anders sein, im „outfit" sozusagen … Aber Ähnliches geschieht auch während unseres Lebens auf dieser Welt beständig, wenngleich in Schüben. So erkennen wir einen guten Freund auch dann, wenn wir ihn nach längerer Abwesenheit als gealtert wieder treffen. Er ist derselbe, halt mit einigen Falten mehr. Oder erkennen Sie einen Freund im Sommer

etwa deshalb nicht, weil er Ihnen nicht im Wintermantel, sondern in Strandkleidung begegnet? Es geht immer um denselben Menschen, geändert hat sich dabei nur das Äußere.
Und genau hierin liegt unser Problem. Wir identifizieren uns einseitig mit unserer leiblichen Erscheinungsform. Daher sind wir auch während des gesamten Lebens mehr um die Erhaltung und Pflege der physischen Existenz, des Äußeren, bemüht als um das Innere. Es ist geradezu ein Kult, den wir bisweilen mit dem Körper treiben. Denken Sie nur, wieviel Zeit, Mühe und Geld wir aufwenden, um den Körper fit, gesund und möglichst lang am Leben zu erhalten. Wie sehr wir dabei das Innere vernachlässigen, wird uns kaum gewahr.
Und weil wir so sehr nach außen und so wenig nach innen leben, schockiert uns auch der Anblick des toten Leibes zutiefst. Was wunder, wenn es in Amerika einen ganzen Industriezweig gibt, der die Aufgabe hat, den toten Leib für die Aufbahrung und Bestattung auf jung und schön zu schminken. Es soll ein blühendes Geschäft sein!
In der Tat, wenn der Angehörige ans Totenbett tritt und den (wie wir sagen) entseelten Leib vor sich sieht, ist er nicht selten bestürzt und befremdet vom Hauch des Todes, der ihn anweht. Kein Laut, kein Atem, kein Herzschlag, keine wie immer geartete Reaktion – Totenstille, Totenstarre – aus, vorbei. Wie nur soll es angesichts dieser Tatsachen mit dem Menschen weitergehen?
Wie an ein ewiges Leben glauben, wenn der Augenblick des Leichnams jedwede Hoffnung erstarren läßt?

Der Tod ist die eine Seite

Der Anschein trügt, wie so oft in dieser Welt. Das, was wir wahrnehmen am Totenbett, ist eben nur die eine Seite, die uns zugewandte. Die uns abgewandte entzieht sich unserem Blick, unserem Zugriff.
Eben das meint Guardini, wenn er formuliert: „Der Tod ist die uns zugewandte Seite jenes Ganzen, dessen andere Seite die Auferstehung heißt."
Wir jedoch neigen dazu, die uns zugewandte Seite für das Ganze zu halten. Gestützt auf unsere Sinne und unseren Intellekt halten wir die Teilansicht für die Totalansicht. Welch ein Trugschluß! Während wir alles auf die für uns wahrnehmbare Wirklichkeit reduzieren, berauben wir uns jedweder Zukunftsperspektive. Wir entziehen uns selber den Boden der Hoffnung und stürzen in die Bodenlosigkeit der Verzweiflung.
Sich offen und bereit machen für eine mögliche Sichterweiterung würde diesen Teufelskreis durchbrechen und wäre ein Anfang in Richtung Glauben.
Indes, wir neigen dazu – gerade angesichts des Todes eines geliebten Menschen – mit Gott und der Welt abzuschließen. Was wir im Lauf unseres Lebens gesehen und erfahren haben, genügt uns. Wir verkrallen uns in die gemachten Erfahrungen und darin gibt es eben nur diese eine Seite.
In der Menschwerdung Gottes in Jesus Christus kommt ein glaubwürdiger Zeuge für die andere, die uns abgewandte Seite. An ihm sich festzuhalten bedeutet, mit einer neuen Sehweise beschenkt zu werden. Im Maße, wie jemand Jesus Christus an- und ernstnimmt, beginnt er mit neuen Augen zu sehen. Sein stark eingeengtes Gesichtsfeld weitet sich! Oder anders ausgedrückt; als Glaubender erfährt er eine ständig zunehmende Bewußtseinserweiterung. Diese

ist nicht aus eigener Kraft zu erwerben, kann nicht auf Bestellung verkostet oder antrainiert werden. Sie ist Frucht des Glaubens an ihn, der als Bote von der „anderen Seite" kommt, und als solche Geschenk.
An uns liegt es, das Angebot anzunehmen, was allerdings nur dann möglich ist, wenn wir beginnen, die Begrenztheit, Vorläufigkeit und Dürftigkeit unserer Wahrnehmung einzusehen und eine „Blickweitung" zu ersehnen, zu erbitten. Die Aufforderung Jesu ist eine Einladung und ermuntert uns, ihr Folge zu leisten: „Bittet, dann wird euch gegeben; sucht, dann werdet ihr finden; klopft an, dann wird euch aufgetan." (Mt 7, 7)
In dem Maß als wir uns nach dieser Verheißung ausstrecken, werden uns nicht nur die Augen aufgetan, sondern auch das Herz. Und eben dies brauchen wir vor allem in der Zeit des ersten Schmerzes, da die Gefahr, im Zustand der Erstarrung und Fixierung steckenzubleiben, groß ist.

Mit Beileid eingedeckt

Erschwerend kommt hinzu, daß dabei von außen kaum Hilfe zu erwarten ist, zumal kein klärendes, tröstendes Wort an den vom Abschied Betroffenen herankommt. Der Schmerz ist zum Zustand geworden, der alle Räume des Seins ausfüllt, durchdringt und für nichts anderes Platz läßt.
Ab jetzt zerfällt Ihre persönliche Zeitrechnung in zwei Abschnitte: *vor* und *nach* seinem Tod. Der Tod des geliebten Menschen ist die Zäsur in Ihrem Leben. Ein Einschnitt, wie ein tiefer Graben, der eine Landschaft auseinanderschneidet. Und ebenso fühlen Sie sich: auseinandergerissen, geteilt, zerteilt, amputiert.

Überdies ist es nicht in erster Linie das Verwandtschaftsverhältnis, das den Grad der Trauer bestimmt, sondern die Innigkeit einer Beziehung. Ihr entspricht die Intensität des Schmerzes. Das ist auch der Grund dafür, daß ein Außenstehender (und das ist in der Regel jeder Mitmensch, es sei denn, jemand steht Ihrem Herzen nahe) den Abschiedsschmerz, an dem ein Mensch trägt, nie, auch nur annähernd zu ermessen imstande ist. Und eben darin liegt auch das Problem des „Beileid-Ausdrückens". Kein Zufall, daß beide Teile, sowohl der, dem es ausgedrückt wird, als auch jener, der es bekundet, nicht selten peinlich berührt bleiben. Wie auch sollte es so etwas geben wie ein Beileid! Eine unglückselige Formulierung!
Gewiß gibt es einige Menschen, die bereit wären, mit Ihnen mitzuleiden. Wie indes soll das geschehen, wodurch sich zum Ausdruck bringen, zumal gesprochene Worte den Trauernden meist nicht erreichen? Insbesonders anläßlich eines Todesfalles gilt das bekannte Sprichwort: „Reden ist Silber, Schweigen ist Gold!" Das trifft besonders auch für Ratschläge zu, die wohlmeinende Freunde oder Bekannte parat haben. Es sind Formulierungen, die im Trauernden, je nach seiner Art, entweder Wut oder das vertiefte Gefühl des Einsam- und Unverstandenseins hervorrufen.
Ich liste einige solcher „Ratschläge" (mehr *Schläge* als *Rat!*) auf, vielleicht finden Sie einen, der auch Ihnen gegeben wurde:
„Sind's froh (!), jetzt ist sie erlöst!" (beim Begräbnis ins Ohr geflüstert bekommen.)
„Jetzt müssen's aber auf sich schauen!"
„Müssen's dankbar sein, daß Sie ihn so lange hatten!"
„Ein Geschenk, daß es so schnell gegangen ist, hat er nicht leiden müssen!"
„Jetzt hat er's überstanden und Sie auch!"

Zu einer Mutter, deren fünftes Kind mit acht Monaten starb: „Gut, daß noch vier andere haben!"
Zu einer jungen Frau, deren geliebter Partner von einem betrunkenen Autofahrer getötet wurde: „Zum Glück haben sie die Kinder!"
Zu einer wohlhabenden älteren Dame, die ihren Mann lange Jahre pflegte: „Schau, jetzt hast das schöne Haus, hast weiters keine Sorgen, laß es Dir jetzt gut gehen!"
Wirklich erhebende Tröstungen! Ohne Zweifel gut gemeint, jedoch daneben gegriffen, weil nichts begriffen!
Am wohltuendsten empfand ich die Begegnung mit jenen Menschen, die mir schweigend, oft auch mit Tränen in den Augen, die Hand gedrückt oder mich wortlos in die Arme genommen haben. Dabei werden einem eher Fernstehende durch echtes Mitfühlen auf einmal zu ganz Nahen, Allernächste können zu Fernen werden.
Mit jemandem trauern und dies zum Ausdruck zu bringen, ist eben eine Angelegenheit des Herzens, die neben dem Mit- und Einfühlen auch Takt erfordert. Dies gilt ebenso für den, der das Begräbnis hält, die Totenmesse = Auferstehungsmesse feiert, wie für alle, die am offenen Grab den Mund aufmachen, bzw. aufmachen müssen. Eine heikle Aufgabe, die höchst behutsam angegangen werden will.
Ein unrichtiges Wort am Grab fällt tief in die wunde Seele des Trauernden, um sich dort einzunisten und vielleicht viel später seine zerstörende Wirkung zu entfalten. Das rechte Wort hingegen vermag mitten in der Todessituation lebensspendende Kraft zu übertragen. Und was sonst wäre jetzt not-wendiger als Kraft, die Leben schenkt im Angesicht des Todes.

Friedhof – Ort des Trostes?

Insbesonders in den Tagen und Wochen des ersten Schmerzes wird es Sie stets aufs neue auf den Friedhof ziehen. Er übt auf den Trauernden eine eigenartige Faszination aus.

Eine junge Frau, deren geliebter Vater eines jähen Herztodes gestorben war, erzählte mir, daß sie an manchen Tagen zwei-, dreimal auf den Friedhof ging. „Es war wie ein Zwang, wieder und wieder lenkten mich die Schritte dorthin, so als suchte ich ihn – aber ich fand ihn nicht. Unverrichteter Dinge sozusagen, einsam wie ich gekommen, trat ich wieder den Heimweg an. Es war ein peinigendes Auf-den-Friedhof-gehen-Müssen, das sich über Wochen hinzog.

Tatsächlich geht vom Friedhof ein gewisser Friede aus. Es ist ein Ort, an dessen Mauern die lärmende Welt zur Ruhe, die hastende zum Innehalten kommt. Eine Stätte, wo sich unser Tun und Lassen relativiert, wo wir uns fragen lassen müssen nach unserem Woher und Wohin. Ein anspruchsvoller Ort, den nur im Vorbeigehen zubetreten eigentlich nicht möglich ist. Vielleicht ist das ein Grund dafür, warum manche Menschen einen Friedhofsbesuch möglichst zu vermeiden trachten.

Einzig an Allerheiligen, Allerseelen, da ergießt sich ein wahrer Besucherstrom auf den Gottesacker. Böse Zungen behaupten, manche Friedhofsbesucher würden Pelzmantel oder Winterhut das erste Mal „ausführen“. Und in der Tat, aus nah und Fern strömen die Verwandten zusammen, um bei der Gräbersegnung an Ort und Stelle zu sein. „Platzangst könnte man kriegen am Friedhof in diesen Tagen“, sagte letztens jemand zu mir und fügte hinzu, „drum geh ich am liebsten zum Grab, wenn kein Mensch hier ist. Ich mag das Getue nicht, einmal im Jahr, jeder steht am herausgeputzten Grab der Seinen, als würde er sich samt Grab zur Schau stellen."

Es kann durchaus sein, daß Sie am Friedhof das Gefühl besonderer Verbundenheit mit dem geliebten Verstorbenen empfinden, daß Sie sich ihm nahe fühlen. Ebenso kann auch das genaue Gegenteil eintreten. Daher muß jeder selbst entscheiden, wie er es mit dem Friedhofsgang hält. Verallgemeinerung ist auch hierin unzulässig.

Eine Friedhofserfahrung besonderer Art wurde mir etwa eine Woche nach Mutters „Abreise" geschenkt. Es war in der Osternacht. Alle lieben Bekannten und Freunde hatten mich verlassen und waren zu den Ihren heimgekehrt. Ich blieb allein in H. Ausgerechnet in dieser Nacht, da wir die Überwindung des Todes durch die Auferstehung Jesu feiernd begehen, hat mich der Schmerz über Mutters Tod mit neuer Wucht angefallen.

Die Osternachtsfeier war gegen halb elf Uhr zu Ende. Irgendwie war sie an mir vorbeigegangen, obschon ich mich um einen Mitvollzug mühte. Indes die Leere in mir war „füllend". Sie ließ keinen Platz für gläubiges Hoffen. Der Kontrast zwischen meiner Befindlichkeit und dem eben Gefeierten war gefühlsmäßig unüberbrückbar.

Ich stieg ins Auto und fuhr wie selbstverständlich zum Friedhof.

Es war eine zauberhafte Vollmondnacht. Der Himmel übersät mit Sternen, die schneebedeckten Berggipfel im Mondlicht glänzend. Die stille Schönheit dieser Nacht schien den Schmerz in mir zu vertiefen.

Da stand ich nun vor dem frischen Grabhügel. Ich entzündete die mitgebrachte Osterkerze. Doch mein Inneres blieb unberührt von meinem äußeren Tun.

Ich fühlte mich grenzenlos verlassen und einsam. „Wo bist du Mutter“, schrie es in mir „ich habe dich so sehr geliebt! Warum finde ich dich nirgends? Nicht am Grab, nicht bei mir zuhause, nicht um mich! Wo nur soll ich dich suchen?“
„Was sucht ihr den Lebenden bei den Toten“ – war die Frage, die der Engel am Auferstehungsmorgen an die trauernden Frauen am Grab gerichtet hatte. Urplötzlich stand diese Frage abgewandelt vor meinem Innern „Was suchst du die Lebende bei den Toten?“ Und mit einem Mal wußte ich es wieder: Sie lebt – in besseren Welten, in einer anderen Seinsweise –, sie lebt und ich war weiter von ihrer Liebe begleitet. Das ist und bleibt die Botschaft dieser Nacht: „Der Tod hat keinen Stachel mehr, der Stein ist weg, das Grab ist leer – Halleluja.“

Der Tod gehört zum Leben

Die Endgültigkeit schreckt uns

Wir Menschen empfinden den Tod als die größte Katastrophe. Ich erinnere mich, wenn bei uns daheim etwas kaputt gegangen war, und wir darüber traurig oder betroffen reagierten, pflegte Vater zu sagen: „Niemand gestorben!" Manchmal ärgerten wir uns über diesen Ausspruch, schien er uns doch das eben beklagte Mißgeschick zu bagatellisieren. Wie wohltuend war es indes, als er mir nach meinem ersten Blechschaden am Auto in den Sinn kam! Mehr und mehr entdeckte ich, wie recht Vater hatte. Was zählt schon angesichts des Todes!

Vater mußte es schließlich wissen, war er doch nach dem Tod seiner ersten Frau mit fünf Kindern zurückgeblieben. Tatsächlich relativiert der Gedanke an den Tod alles sonst mögliche, schlimme Geschehen.

Der Tod bringt ein Leben zu Ende. Mit ihm ist ein Lebensabschnitt unwiederbringlich vorbei, eine Beziehung unterbrochen. Eine Tür ist ins Schloß gefallen, die sich nie mehr – in gewohnter Weise – auftun wird. Es gibt aus dem Tod keine wie immer geartete Rückkehr ins Hier und Jetzt. Menschliches Leben ist irreversibel, es drängt nach vorne. Es strebt einer größeren Seinsdichte, der Seinsfülle entgegen. Insofern ist der Vergleich von Geburt und Tod sehr einleuchtend, geht es doch durch den „engen Tunnel" des Geburtskanals in eine neue Freiheit und Weite, in ein Mehr an Lebensqualität!

Eine Rückkehr in den Mutterschoß nach erfolgter Geburt jedoch ist unmöglich. Ebenso kann auch niemand, der die Schwelle des Todes überschritten hat, in dieses Leben zurückkehren. Diese Endgültigkeit, diese Unumkehrbarkeit verleiht dem Tod seinen Ernst. Vieles gibt es während des Lebens, das wiederholbar ist, das auf Probe getan werden kann. Anders das Sterben; es ist ein Faktum, das Gegebenheiten schafft, die nicht zu annullieren sind. Der Tod ist einmalig, und niemand kann probeweise in den Tod gehen. Eine Tatsache, die uns schreckt, uns Angst einjagt, lassen wir uns doch gerne bei allem, was wir in unserem Leben planen, unternehmen, entscheiden, eine Tür für einen eventuellen Rückzieher offen. Und wie oft im Leben praktizieren wir ihn! Am Ende dieses Lebens gibt es keinen Rückzieher, kein Ausweichen, kein Davonlaufen! Jeder von uns muß sich dem Tod, mit der ihm innewohnenden Endgültigkeit, stellen.

Wider die Wiedergeburt

Unsere westliche Auffassung von der Wiedergeburt ist ein Versuch, den Ernst und die Letztgültigkeit des Todes zu relativieren. Manche meinen, die Chance einer Wiedergeburt wäre ein „Entgegenkommen Gottes“. Es würde damit dem fehleranfälligen Menschen die Gelegenheit zu einem neuerlichen Versuch geboten, sozusagen um gemachte Fehler auszubessern. Damit konstruieren wir uns ein „Hintertürl“ für den Fall, daß etwas schief läuft. Gegebenenfalls würden wir es eben wieder und wieder versuchen.
In diesem Denkmodell steckt allerdings ein gravierender Fehler: Der Mensch bringt während des Lebens seine Personalität und Individualität zur Entfaltung. Er geht als Original, als Einzigartiger mit seiner ganz persönlichen Lebensgeschichte, die gleichzeitig seine „Liebesgeschichte“ ist, in den Tod. Er kann demnach

nicht als ein anderer wiederkommen! Er bleibt der, der er geworden ist. Wobei er seine volle Identität in der Begegnung mit Gott findet. Eine Identität, die er nie mehr verlieren wird, die ihm durch nichts mehr genommen werden kann.
Nunmehr ganz er selbst, findet er auch alle jene wieder, die er während seines Lebens auf dieser Welt geliebt hat. In der Wirk-lichkeit Gottes werden die Beziehungen, die im Tod scheinbar zerbrochen sind, neu gestiftet, zumal Gott, der ein Gott der Liebe ist, nicht trennt, sondern verbindet. Und das für immer!
Ein Wiedergeborenwerden wäre demnach nicht eine Chance, sondern eine Grausamkeit des Schöpfers. Einmal leben in dieser Welt genügt! Wie auch sollte der Wiedergeborene besser handeln an denen, die er während seines Erdenlebens geschädigt, gekränkt, verletzt hat? Er müßte dazu dieselben Menschen, Lebensumstände und -bedingungen vorfinden wie ehedem, und genau das ist nicht denkbar!
Vielmehr wird er in der neuen Seinsweise mit jenen, an denen er schuldig geworden ist, sein Fehlverhalten aufarbeiten müssen. Und all das, was wir trotz unseres Mühens – hier und dort – nicht schaffen, dürfen wir uns schenken lassen. Wir brauchen uns nicht durch wiederholte Versuche selbst zu erlösen, wir können es auch nicht! Es gibt keine Selbsterlösung! Wie auch sollte sich jemand am eigenen Schopf aus dem Sumpf ziehen?
Das ist die frohe Botschaft des Christentums: Der Gott der Liebe schickt uns nicht x-mal auf die Welt, damit wir von unserer Schuld loskommen. Er schenkt uns die Erlösung!
Überdies würden wir es wohl als schreckliche Strafe, als schlimme Zumutung empfinden, wiedergeboren zu werden, so wir einmal vom Glück der neuen Seins-

weise gekostet haben. Ein Glück, das wir uns selber nie verdienen können, auch nicht, wenn wir tausende Male wiedergeboren würden. Es muß uns letztlich geschenkt werden.
Wahrscheinlich steckt gerade hierin ein Problem für viele Menschen unserer Zeit. Sie wollen sich nichts schenken lassen! Beschenkt werden verletzt ihren Stolz! In dieser Haltung dürfte eine Wurzel für die hohe Akzeptanz der Wiedergeburtslehre liegen.
Aber keine Sorge, unser Mittun ist durchaus gefragt, wichtig, ja notwendig. Für dieses letzte Beschenktwerden sollen wir uns während des Lebens öffnen, bereitmachen. Erlösung ereignet sich nicht automatisch, sie wird einem nicht „nachgeschmissen", sondern eben geschenkt. Das jedoch ist nur bei einem Menschen möglich, der Hände und Herz in dankbarer Liebe zu öffnen gelernt hat. Er hat seine Erlösungsbedürftigkeit erkannt und anerkannt (fällt uns Selfmade-men sehr schwer!). Ihm kann der Gott der Liebe wandelnd begegnen. In diesem geheimnisvollen Zusammenwirken von Geschöpf und Schöpfer verbirgt sich das Geheimnis der Erlösung.
Das Entgegenkommen Gottes liegt demnach nicht im Wiedergeborenwerden, sondern im Erlöstwerden und im endgültig „Heimkommen-Dürfen". In der Taufe ist die Zusage, daß dem so ist, besiegelt und verbürgt.

Auf den Tod getauft?

Was soll das heißen? Was haben Tod und Taufe mitsammen zu tun? Wir wissen es und wissen es doch nicht! Die Tiefenaussage der sakramentalen Handlung ist an uns abgeflossen wie seinerzeit das Taufwasser. Es hat uns kaum genetzt. Wohl auch deshalb,

weil die Überreste der Zeichenhaftigkeit auf ein Mindestmaß geschrumpft sind:
Auf eine Kerzenflamme, die bei Tageslicht kaum zum Leuchten kommt;
auf eine Salbung, die uns nichts bedeutet, in Anbetracht aller Cremen und Salben, die wir benützen;
auf ein kleines, putziges Kleid, das wir nicht erkennen als Zeichen für ein geschenktes, neues Sein;
auf eine Waschung, eine Benetzung, die das eigentliche Geschehen – Untergehen und Auferstehen – eher verhüllt als offenlegt.
Dergestalt wenig sinnenfällig, bleibt das Geschehen in und um das Taufen an der Oberfläche unserer Wahrnehmung. Ist nur zu hoffen, daß der Spender des Sakraments wenigstens verbal andeutet, was Taufe im Tiefsten bedeutet.
Zugegeben, die Taufe früher, in der Osternacht, mit dem Unter- und Auftauchen und dem Tragen der weißen Gewänder eine Woche lang, hat das innere Geschehen besser erfaßbar, tiefer begreifbar gemacht.
Des ungeachtet geschieht auch heute am neugeborenen Täufling dasselbe wie damals am Erwachsenen.
Die Taufzusage Gottes ist die gleiche. Und das ist die Botschaft, die den Eltern und Paten, Verwandten und Freunden, und der gesamten mitfeiernden Gemeinde, in die das Kind nunmehr eingegliedert wird, zu Ohr und Herz gebracht werden soll:

Fürchte dich nicht,
du bist mein geliebtes Kind.
Du wirst zwar untergehen, zugrundegehen,
aber mitten im Untergang, mitten im Sterben,
rette ich dich;
aus dem Scheitern erlöse ich dich;
denn mein bist du,

und nichts, auch nicht der Tod,
kann dich meiner Hand entreißen.
Das ist die Kernzusage, die frohe Botschaft der Taufe. Während das Ende besiegelt scheint, blüht ein neuer Anfang auf; während alles zugrundegeht, bricht die Auferstehung an.
Wir müssen zwar sterben, jedoch mitten im Tod ist der Auferstandene uns nahe, um unser Geschick zu wenden. Er ist es, der Tod in Leben wandelt. Wir sind getauft auf Christi Tod, zumal er, der um unsertwillen in den Tod ging, eben dort in der dunkelsten Stunde auf uns wartet, um uns in seine Arme zu nehmen und durch seine Liebe zu neuem Leben zu erwecken.

Nicht querlegen!

Der irdische Tod gehört zum Leben wie die Nacht zum Tag, der Abend zum Morgen, der Herbst zum Frühling. Wir wehren uns gegen diese Tatsache mit allen zu Gebote stehenden Möglichkeiten. Wir verdrängen den Tod aus unserem Bewußtsein – es sterben immer die anderen!
Eine alte Dame – sie steht im 85. Lebensjahr – hat mir gestanden, stets um Spitäler und Friedhöfe einen großen Bogen zu machen. „Ich will nicht erinnert werden ans Sterben", sagte sie, „will mir durch diese Gedanken das Leben nicht vermiesen lassen!" Ein „Vogel-Strauß-Verhalten"!
Kommt dann plötzlich ein Todesfall in der Familie, im Freundeskreis, sind wir schockiert und wissen nicht, damit umzugehen. Obschon mitten im Leben vom Tod umgeben, ständig mit ihm konfrontiert, wollen wir ihn nicht wahrhaben, wenigstens nicht uns selbst betreffend!

In unseren Abwehrmechanismen gegen das Sterben gleichen wir einer Raupe, die sich gegen ihre Verpuppung zur Wehr setzt. Täte sie es, sie würde ihr Schmetterlingsdasein verhindern!
Wir verhalten uns wie ein ungeborenes Kind, das „beschließt", im „status quo" zu verharren. Fühlt es sich doch rundherum wohl: es wird genährt, gewärmt, geschaukelt – warum diesen angenehmen Zustand verlassen? Der Embryo versteht nicht die Wachstumsgesetze seiner Natur, weiß nicht, daß ihm der Raum bald zu eng werden wird, ahnt nichts von der neuen Weite und Freiheit, die ihm nach der Geburt offenstehen wird. Er will nur, daß alles so bleibt, wie es ist. Das Ungeborene will seinen Austritt aus dem Mutterschoß verhindern, es legt sich quer! Damit jedoch beginnt für Mutter und Kind eine schmerzvolle, mühsame Geburt, deren glücklicher Ausgang fragwürdig wird.
Gebären und sich gebären lassen ist eine Leistung, die erste, die Mutter und Kind zusammen erbringen. Sie ist die Basis aller weiteren Entwicklung, die ein Prozeß ständig neuen Loslassens, Hergebens seitens der Mutter, ständig neuen Wagens und Einlassens auf Unbekanntes seitens des Kindes ist.
Wir verhalten uns angesichts des Todes wie ein Embryo, der nicht geboren werden will. Wir stellen uns quer zu unserer zweiten Geburt, indem wir uns im Hier und Jetzt einnisten. Wir bauen auf, aus und um, schaffen an und bringen ein, kurz, wir gebärden uns, als würden wir mindestens 1000 Jahre in dieser Welt bleiben. „Sicher ist sicher", sagen wir und „im Vorrat ist gut hausen", also horten und sammeln wir, um unser „Überleben" zu sichern. So füllen wir Fächer und Kästen, Hände und Herz. Also angefüllt, bepackt, wird die zweite Geburt höchst beschwerlich. Wir sind

zu beladen. An der Schwelle werden wir abladen müssen.
Es ist gut, sich früh genug mit dem auseinanderzusetzen, anzufreunden, worauf wir unausweichlich zugehen. Es gilt, dem ins Auge zu blicken, zumal es kein Versteckenspielen gibt den Fakten gegenüber. Sie wollen angesehen, angepackt werden, beizeiten, schon in jungen Jahren. Möglichst im Besitz der vollen Kraft und Gesundheit sollen wir trachten, das Sterben als eine „Lebensetappe“ zu verstehen, die es zu bewältigen gilt. Je früher wir uns darum mühen, desto besser kann das Leben in seiner Gesamtheit gelingen.
Allerdings gibt es noch eine Parallele zum oben angedeuteten Embryo: Das Ungeborene hat keinerlei Ahnung von der Lebensqualität eines Geborenen. Wie soll es die Vorzüge eines Lebens außerhalb des Mutterschoßes auch nur annähernd ermessen, wenn das Innen mit dem Außen in keinen Vergleich zu bringen ist? Uns Erwachsenen geht es im Hinblick auf die Existenz nach der zweiten Geburt ähnlich; ein Umstand, der unsere Angst und Skepsis nährt.
Allein die Augen des Glaubens können weiter, tiefer blicken, sie schauen die Zukunft, die Gott uns schenken will, und können sagen: „Mitten im Tod sind wir vom Leben umfangen!“ Diese Aussage hat ihre Gültigkeit, denn obgleich sich bei unserer zweiten Geburt alles verändern wird – ähnlich wie auch bei der ersten –, etwas ändert sich nicht und das ist entscheidend: Die uns erwartende, tragende, auffangende Liebe bleibt – vorher, während und nachher!
Er, aus dessen Händen wir hervorgegangen, bleibt derselbe, der große Liebende, und ihm fallen wir sterbend in die Arme.
So tauschen wir, ähnlich einem Neugeborenen, die „Umgebung“, um von Liebe begleitet, in eine neue

Lebenswirklichkeit hineingeboren zu werden. Schließlich werden wir, ähnlich dem Kind, das seine ersten Gehversuche macht, auf „Entdeckungsreise" gehen in der neuen, faszinierenden „Welt" der unverhüllten Liebe Gottes.

Eine „himmlische Frühgeburt"?

Bis es so weit ist, muß eine Bedingung erfüllt sein: Der erforderliche Reifezustand muß bei der zweiten Geburt erreicht sein. Das heißt, wir müssen uns so weit entwickelt haben, daß wir den neuen, geänderten Lebensbedingungen gewachsen sind.
Ich denke in diesem Zusammenhang an die Probleme mit Frühgeburten. Die Organe und Fähigkeiten, die ihr Leben in dieser Welt ermöglichen, sind unterentwickelt, deshalb kommen diese Winzlinge in Brutkästen. Sie sind noch nicht vollends „ausgebrütet", nicht ganz „ausgebacken", wie wir zu sagen pflegen. Behutsam werden sie im Inkubator an den wünschenswerten Reifezustand herangeführt. Erst bei Erreichung desselben können sie von den Eltern nach Hause geholt werden.
Ob wir nicht bei unserer zweiten Geburt solchen Frühgeburten gleichen werden? Es könnte durchaus sein, daß wir vom „Geborenwerden" überrascht, den notwendigen Reifezustand vermissen lassen. In diesem Fall könnten wir nicht sofort in die Wirklichkeit Gottes „übersiedeln", könnten, den „Frühchen" ähnlich, nicht sogleich nach Hause geholt werden. Es bedürfte eines „Nachziehverfahrens", um die „himmelsnotwendige Reife" aufzuholen. (Vielleicht eine ungewöhnliche Sehweise dessen, was wir herkömmlich mit Fegefeuer meinen!)

Wir müßten noch „aufgepäppelt“ werden. Vor allem eine Fähigkeit ist vonnöten, damit wir die „himmlische Luft“ atmen, die „himmlische Nahrung“ aufnehmen können: die Liebe!
Erst der Liebende ist „himmelstauglich“. Erst der Liebende ist fähig, die „Entdeckungsreise“ in die neue Seinsweise, in das „Leben in Fülle“ anzutreten. Zumal die Fähigkeit zu lieben in engstem Zusammenhang steht mit der Fähigkeit, glücklich zu sein. Nur wer im vollen Sinne des Wortes ein Liebender geworden ist, kann auch im wahrsten Sinne des Wortes ein Glücklicher sein. Es will mir scheinen, daß die Aufnahmefähigkeit, die Kapazität für Glück, mit dem Maß der Liebe korreliert. Ohne Zweifel gehört beides zusammen: die Himmelstauglichkeit = Liebe und die Glücksfähigkeit.
Manchmal habe ich den Eindruck, als würden wir geradezu darauf hinsteuern, eine „himmlische Frühgeburt“ zu werden! Wir erschweren uns damit unser Leben schon im Hier und Heute erheblich! Es liegt in unserer Hand. Wir können unsere Entwicklung verweigern, verlangsamen, aber auch beschleunigen. Die Zeit drängt, ich denke, wir sollen sie nützen!
Und er, der geliebte Verstorbene? Hatte er die volle Reife, die Himmelstauglichkeit bei seiner zweiten Geburt schon erreicht? Wir wissen es nicht! Allein eines steht fest: Durch liebevoll betendes An-ihn-Denken wird er stets aufs neue durchwärmt und gelabt. Das ist „Entwicklungshilfe“ von „hüben“ nach „drüben“!

Verschiedene Weisen des Abschieds

Am Anfang nach dem großen Schock kann man nur eines versuchen: die jeweils nächste Stunde zu überstehen.
Der „Trost“, den Sie jetzt gelegentlich zu hören bekommen, wird Sie je nach Tagesverfassung kränken, aufregen, wütend machen: „Die Zeit heilt Wunden!“ Sie können es nicht mehr hören und Sie können es auch nicht glauben. Sind doch Schmerz und Trauer zum Zustand geworden! Es gibt keinen *Ausweg* aus der Trauer, nur einen *Weg durch* die Trauer.
Dieser *Trauerweg* bleibt wohl keinem Menschen erspart, soferne er in liebevoller Beziehung zu anderen lebt. Daher ist es wichtig zu überlegen, wie dieser Weg gegangen, die Wegetappe bestanden werden kann, zumal eben darin die Leistung liegt, die jeder Trauernde erbringen muß. Weil dieser Weg sich je nach der Art des Todes anders gestaltet, möchte ich auf besonders schmerzliche Umstände näher eingehen.

Der plötzliche Tod

Es kostet viel Kraft, die Realität mit all ihren konkreten Gegebenheiten stehen zu lassen und nach und nach anzunehmen. Der Versuch, Ihre Zustimmung zu geben, bedeutet viel für ihn, der Sie verlassen hat, und für Sie selber. Zumal ein Weitergehen, ein Weiterwachsen – hüben und drüben – sich nur aus der Annahme dessen, was quersteht, entwickeln kann. Immer ist es so in unserem Leben: Das Hindernis wird schließlich zur Chance, die anscheinend nicht bewältigbare Hürde zeigt sich als neue Möglichkeit.

Sie müssen dabei versuchen, den ständig sich aufdrängenden Warum-Fragen auszuweichen. Gestehen Sie es sich ein, es gibt viele Fragen unser Leben und Sterben betreffend, die zu beantworten uns mit dem derzeitigen Wissensstand unmöglich ist.

Uns geht es dabei nicht viel anders als einem kleinen Kind. Wie nur sollte dieses das Handeln Erwachsener verstehen, ihre Absichten begreifen? Es bleibt ihm nur eines: sich auf die, die mehr wissen als es selbst, zu verlassen; sich nicht dem eigenen Verstand, sondern vertrauend der Liebe zu überantworten. Ein geliebtes Kind tut dies selbst dann, wenn die Situation aufs Äußerste bedrohlich ist und die Lage ausweglos erscheint. Hauptsache, Mutter oder Vater sind bergend und schützend nahe, sie werden schon Sorge tragen, daß *alles* wieder gut wird. In dieser Haltung überstehen Kinder auch schlimmste Erfahrungen im Krieg, auf der Flucht, während einer Umweltkatastrophe, ohne tiefergehenden Schaden.

Wenn wir Erwachsene nur ein wenig von dieser Haltung Gott gegenüber aufbringen könnten, würden wir ein bißchen getroster, etwas „leichtfüßiger" durch das Tal des Todes wandern.

Uns indes werden die nicht beantwortbaren Fragen zur Glaubens- und Vertrauensfalle. In der Folge stehen wir nicht selten wie gelähmt dem Geschehen gegenüber. Wir können es nicht ergründen, warum ein junger Mensch, bislang gesund, kraftstrotzend, voller Zukunftshoffnung, plötzlich an einem Herzschlag stirbt.

Solch ein unerwarteter Todesfall wirkt auf die Hauptleidtragenden wie ein Keulenschlag.

Es dauert manchmal lange, bis diese das Geschehen überhaupt realisieren. Immer wieder meinen sie, die Tür müßte plötzlich aufgehen und er hereinkommen,

oder sie wähnen seine Stimme gehört, seine Schritte vernommen zu haben. Erschwerend kommt hinzu, daß sie beständig nach plausiblen Erklärungen suchen, die es eben nicht gibt!
Dabei wäre es hilfreich – für die Trauernden und den so plötzlich Verstorbenen –, wenn beide einander in früher geübter Weise beistehen würden. Solches ist tatsächlich machbar. Sie müssen nämlich bedenken, daß der jäh aus diesem Leben Herausgerissene zunächst einmal in der neuen Seinsweise erhebliche Orientierungsprobleme haben wird, zumal er doch ganz und gar nicht auf „Abreise" eingestellt war. Im Gegenteil, er war voller Pläne und Zukunftsperspektiven für das Hier und Jetzt. Auch war er nicht mehr imstande, seine Beziehungen zu denen, die er geliebt, zu klären oder zu lösen. Er konnte nicht Abschied nehmen. Es blieb so vieles offen!
Es ist ein wahrer Liebesdienst, wenn die trauernd Zurückgebliebenen ihm jetzt bei dieser Umorientierung zu Hilfe kommen. Versuchen Sie, ihm noch nachträglich die *Erlaubnis* zu geben wegzugehen. Ermuntern Sie ihn: „Geh' nur, wir lassen dich los, geh in die neue Zukunft und schau nicht zurück! Laß auch du alles los! Mach dich frei für das Neue! Mach dich frei für Gott!"
Keine Angst, in Ihrer Liebe zueinander sind Sie nur für eine *kurze Zeit* voneinander getrennt. Und es währt wiederum nur eine *kleine Weile*, und sie werden wieder und für immer vereint sein! (vgl. Joh 16, 16ff)

Tod durch Gewalteinwirkung

Es steht fest, alles, was mit Gewalteinwirkung oder -anwendung zusammenhängt, ist von ganz besonderer Schmerzlichkeit. Zur Tragik des Geschehens gesellt sich überaus quälend der ständig wiederkehrende Gedanke an die vermeintliche Vermeidbarkeit. Dieser „Lauf“ der Gedanken – im Kreis – könnte einen verrückt machen!

Insbesonders am Beginn des Trauerprozesses müssen Sie sich abzulenken trachten, so gut es geht. In diesem Fall ist eine erfüllende, alle Kräfte beanspruchende Berufsarbeit eine gute Hilfe. Dennoch wird Sie die peinigende Gedankenkette stets neu anfallen.

Eines jedoch ist gewiß: Gott will nicht, daß jemand durch die Anwendung von Gewalt seine „Erdenausrüstung“ verliert und damit sein Leben in der irdischen Seinsweise. Wenn es dennoch geschieht durch Unfall, Mord, Selbstmord, war es nicht, wie mancher fälschlich annimmt, „Gottes unabänderlicher Wille“, es war vielmehr, wie so oft in diesem Leben, menschliches Versagen: Unvermögen, innerer Zwang, Haltlosigkeit, Triebhaftigkeit, Verantwortungslosigkeit, Gier, Depression …

Seitenweise könnte das *menschliche Versagen* aufgelistet werden!

Diese Zusammenhänge zu erkennen, ist gewiß kein Trost, jedoch kann der „Trauerweg“ geradliniger beschritten werden, zumal sich das Zürnen auf Gott und die damit verbundene Schuldzuweisung erübrigt. Somit kann die Beziehung zu Gott, der unabänderlich lebensschaffend zugewandt bleibt, ungetrübt aufrechterhalten werden. Ein Umstand, der vor allem in solch einem Fall von großer Bedeutung für die Trauernden ist.

Wir dürfen daran glauben, daß Gott ihm, der auf irgendeine gewaltsame Weise aus diesem Leben hinauskatapultiert wurde, mit seiner Liebe auffängt. Er ist es auch, der in der Folge alle Schrecknisse in Heil, alle

Angst in Geborgenheit, allen Schmerz in Glück wandeln wird. Den geliebten Menschen nunmehr ganz daheim und aufgehoben zu wissen, kann für den, der es glauben kann, echter Trost sein.
Des ungeachtet finden sich immer noch auf Parten solche oder ähnliche Formulierungen:
Es hat Gott, dem allmächtigen, gefallen, unsere …
Richtigerweise müßte es heißen:
Es hat Gott, dem ohnmächtigen (das ist er in Anbetracht der menschlichen Freiheit) überhaupt nicht gefallen, daß ein betrunkener Autolenker …, ein gefährlicher Triebtäter …, eine skrupellose Atomlobby …, ein verantwortungsloser Raser …, ein verhetzter Terrorist …, ein wahnsinniger Diktator …, das Erdenleben unserer geliebten … beendete.
Nicht Gott hat das Leid, das Kreuz erfunden, es ist unsere „Erfindung"! Wir haben es ihm und uns gezimmert. Er hat es in Jesus Christus auf sich genommen, um uns Weg und Ausweg zu zeigen und aufzutun. Seither ist kein Leidender, kein Trauernder auf seinem Kreuzweg allein.
Während ich das schreibe, wandelt sich mein Denken in Gebet für Sie und alle, die sich in der angedeuteten Trauersituation befinden. Ich bete darum, daß der Gott der Liebe Ihr verwundetes Herz anrühre und Sie ein wenig spüren lasse, in welch unvorstellbarem Glück der von Ihnen geliebte, einstweilen Ihrer Umarmung entzogene Mensch, jetzt leben darf.

Das Sterben eines Kindes

Kinder gehen im allgemeinen viel natürlicher, ja reifer mit dem Sterben um als wir Erwachsene. Sie ahnen die Nähe des Todes und geben uns Signale. Wir indes sind oft nicht fähig, diese zu deuten. Wir platzen mit unserer Verdrängungstaktik störend in die Welt des Kindes und kommen mit allerlei Ablenkungen und Scheinhoffnungen.

Ein achtjähriges krebskrankes Mädchen im letzten Stadium sagte einmal zu mir: „Weißt, Frau Lehrerin, am schlimmsten ist es mit der Mama, sie will nicht verstehen!"

Es ist höchst erstaunlich, zu welcher Reife sich auch sehr junge Kinder im Angesicht des Todes entwickeln. Dabei sind es nicht selten die nächsten Angehörigen, die – trotz bester Absicht – das Sterben des Kindes eher erschweren als erleichtern. Unter Umständen zögern sie durch klammerndes Festhalten das Unausbleibliche, Unabwendbare über das Maß hinaus zur unnotwendigen Pein für das geliebte Kind und sich selbst.

Ich denke in diesem Zusammenhang an ein 16jähriges Mädchen, das einzige Kind seiner Mutter, die mit aller Liebe an ihm hing und es klammernd festzuhelten suchte. Eines Abends bat das sterbende Kind seine am Bett wachende Mutter: „Mutti, bitte geh für ein paar Minuten hinaus." Die Mutter verstand zwar nicht warum, erfüllte aber die Bitte des Kindes. Als sie das Krankenzimmer wieder betrat, war ihre Tochter gestorben. Es scheint, als hätte sie nicht „weggehen" können in Gegenwart ihrer Mutter, als hätte sie sich heimlich „davonschleichen" müssen.

Sterbende Kinder spüren den Festhaltegriff ihrer Mütter, und da sie ihnen nicht noch mehr Schmerz bereiten wollen, leiden sie eben mehr. In solch einer Situation ist es der größte Liebesbeweis, wenn Eltern ihr geliebtes Kind loslassen, freigeben.

Wenn Sie merken, daß das irdische Ende unaufhaltsam nahe ist, sagen Sie Ihrem Kind leise ins Ohr: „Lie-

bes, du darfst fortgehen! Geh von unserer Liebe in die Liebe Gottes. Wir geben dich her, wir lassen dich los! Hab keine Angst, unsere Liebe hört nicht auf!"
Was das allerdings für Eltern bedeutet, kann wohl nur jemand erahnen, der ein geliebtes Kind hergeben mußte.
Sollten Sie am Bett ihres sterbenden Kindes sitzen, denken Sie daran: Es braucht eine ruhige, friedliche, von Liebe erfüllte Atmosphäre; keine Hektik oder Hysterie um das Sterbebett, kein lautes Reden, Weinen, Klagen! Unterlassen Sie alle nicht unbedingt notwendigen Handgriffe. Um Ihres geliebten Kindes willen versagen Sie sich stürmische Gefühlsausbrüche. Sprechen Sie wenig, summen Sie vielleicht eine dem Kind liebgewordene Melodie; sprechen Sie ein Gebet, das dem Kind vertraut ist, oder formulieren Sie einfach aus dem Augenblick, was Ihnen „aus dem Herzen in den Mund" fließt. Etwa: „Guter Gott, du bist unser Vater und unsere Mutter. Du nimmst dich unser an, wenn wir nichts mehr tun können. Nimm jetzt unsere geliebte N. in deine guten Hände und halte sie ganz fest. Drück sie an dein Herz. Trag sie durch die Dunkelheit in dein helles, warmes Licht. Bei dir gibt es kein Weh mehr, keine Angst, kein Alleinsein. Wo du bist, ist alles gut. Und bei dir kommen wir alle wieder zusammen. In deine Hände legen wir unser – dein – geliebtes Kind!"
Trachten Sie dabei, die Gebetsworte dem Fassungsvermögen des Kindes anzupassen. Das Beten, auch der Versuch dazu, vermag Ihr zerrissenes Herz zu befrieden, ein Umstand, der sich auch beruhigend auf Ihr Kind auswirken wird. Vielleicht liegt darin das Einzige, das Sie ihm jetzt noch an Erleichterung und Hilfeleistung schenken können.
In der Regel ist es so, daß vor allem die Mutter beim

Tod ihres Kindes innerlich mitstirbt. Der Vater ist von seinem Wesen und der Berufssituation her eher in der Lage abzublocken – etwas, das eine Mutter nie und nimmer kann. Hierin liegt auch der Grund dafür, daß Ehemänner ihren Frauen gelegentlich raten: „Lenk dich ab! Vergiß es für ein paar Stunden!" – eben das ist einer Mutter unmöglich. Zudem erweckt eine derartige Bemerkung in ihr das Gefühl des totalen Unverstanden- und Verlassenseins, ein Umstand, der die überaus schmerzliche Situation zusätzlich belastet.
Väter können von ihrem Wesen her ihr Vatersein an- und ausknipsen. Das erleichert für sie das Umgehen mit Sorgen, Ängsten oder Trauer im Hinblick auf die Kinder. Gewiß, es gibt auch Väter, die wie Mütter leiden und trauern. Das sind zumeist jene, deren Hirnmuster die weiblichen Grundzüge behalten hat; oder wie wir oft zu sagen pflegen, Männer mit mehr weiblichen Seelenanteilen. Ihnen fällt es leichter, Gefühle zuzulassen, zu zeigen und zu verbalisieren. Insbesonders in der Trauerphase sind solche Männer eine Wohltat für die Partnerin.

Das Sterben eines alten Menschen

Beim Tod eines alten, in seinen Möglichkeiten schon sehr eingeschränkten Menschen, hält sich die Trauer von Verwandten und Freunden meist in Grenzen. Ist es doch das Selbstverständlichste auf der Welt, daß ein alter Mensch stirbt. Daher wird auch immer wieder gefragt: „Wie alt war er?" Und oft kommt als Antwort auf die Auskunft: „Ein schönes Alter!"
Dieser Kommentar will dem Hauptleidtragenden signalisieren: „Trauere nicht zu sehr, dieser Tod war der ganz normale Lauf der Dinge!"

Derartige Vereinfachungen kommen meist von Fernstehenden, daher kann der Nahestehende, vom Abschied unmittelbar Betroffene, nichts damit anfangen, noch dazu, wenn es sich meist um Vater oder Mutter handelt. Selbst wenn diese ein hohes Alter erlangt haben, geht ihr Tod, besonders der Tod der Mutter, immer an die Wurzeln der eigenen Existenz und kann nicht „weggesteckt" werden. Auch wenn die Pflege schon höchst beschwerlich war und alle Außenstehenden von „Erlösung" reden, kann der im Innersten Betroffene davon zunächst nichts empfinden. Zu groß ist das Loch, das sich plötzlich auftut.

Ich habe nach Mutters Tod über das Maß lang gebraucht, ehe ich fähig war, mir meinen Tag locker einzuteilen. Und es hat noch einmal lange gedauert, bis ich den gewonnenen Freiraum dankbar nützen, ja gelegentlich genießen konnte.

Da ist noch etwas, was den Abschied von greisen Eltern zusätzlich belastet: Eine mögliche Wesensveränderung. Es gibt eine Palette solcher Veränderungen, die für den liebevoll Nahestehenden bestürzend, erschreckend und erschütternd zugleich sein können.

Manch alternder Mensch wird *infantil.* In seinem Verhalten gleicht er mehr und mehr einem Baby. Und es ist ein Glück, wenn er einem zufriedenenen Säugling gleicht. Als solchem können die Pflegenden ihm wenigstens Liebe und Zärtlichkeit zukommen lassen.

Ein anderer wird *aggressiv.* Er wehrt sich mit der ganzen ihm noch verbliebenen Kraft gegen alle und alles; fühlt sich von allen Seiten verfolgt, bedroht, in die Enge getrieben und geht auf alle los – schrecklich für die, die ihn lieben, weil sie sich plötzlich in der Rolle vermeintlicher Feinde finden. Damit umzugehen ist besonders schwer, zumal Sie dem geliebten

Menschen nicht mehr in gewohnter Weise nahekommen können. Dieser Zustand wird zur Pein für alle Beteiligten.
Indes, auch die oft zunehmende *Verwirrung* – selbst ohne Verfolgungsideen – ist schlimm genug für die Umgebung, weil sie einsehen muß, daß plausible Erklärungen nicht greifen, Ein- oder Ausreden nichts bringt, sie daher in der Regel „danebenstehen". Hilflos, traurig und erschüttert stellt sich ihnen die Frage: „Ist das die Weisheit des Alters, die Abrundung eines erfüllten Lebens? Ist das nicht ein Rückschritt, sind das nicht Auflösungstendenzen?"
Ich selbst war bei Vaters Tod von diesen Fragen zutiefst bedrängt. Er, der mir stets mit besonders zärtlicher Liebe zugetan war, hätte mich glattwegs in seiner panischen Verwirrung angefallen. Der Arzt sagte uns damals, es handle sich um zahlreiche Hirnausfälle, verursacht durch kleinere und größere Schlaganfälle. Vom Gehirn her habe sich sein Wesen verändert, zeitweise bis zur Unkenntlichkeit, zur völligen Fremdheit.
Ich tat mich sehr schwer, mit diesem Sachverhalt umzugehen, bis mir ein passender Vergleich „einfiel", den ich überaus tröstlich empfand: Wenn ein berühmter Pianist auf einem kaputten Bösendorfer Flügel ein Konzert geben soll, wird das nicht möglich sein. Nicht, weil der Künstler nicht Klavierspielen könnte, er kann es, aber das Instrument, das sein Können zum Klingen bringen muß, ist beschädigt. Gibt man ihm ein intaktes Instrument, steht dem Konzertieren nichts im Wege.
Das war die Lösung! Das Instrument, auf dem Vater seine Lebensmusik gespielt hatte, war kaputt geworden. Nicht an ihm lag es, sondern am krankgewordenen Instrumentarium. Ich gestehe Ihnen, danach hat

ein Satz aus der Offenbarung des Johannes einen besonderen Klang für mich bekommen: „Ich mache alles neu!“ Alles – denken Sie sich ruhig einmal aus, welche Zukunftsvision in dieser Zusage steckt!

Der Abschied von einem geliebten Tier

Stoßen Sie sich nicht daran, daß im Anschluß an die oben angedeuteten erschütternden Weisen des Abschieds sich nun Gedanken zum Verlust eines „felligen oder gefiederten Freundes“ anschließen.
Ein letzter Anstoß dazu war ein Gespräch, dessen zufälliger Zeuge ich wurde. Eine alte Frau klagte einer Jüngeren ihr Leid. Ihre Katze, die 15 Jahre lang viel Aufhellung in ihr Alleinsein gebracht hatte, war an einer Seuche eingegangen. Die alte Frau schien gebrochen. „Muschi“ war ihr alles gewesen! Ich wollte meinen Ohren nicht trauen, als ich die jüngere sagen hörte: „Aber, aber, wie kann man nur so trauern, war ja nur ein Tier!“ Welch eine Verkennung der Situation! Für wieviele Menschen ist eine Katze, ein Hund, ein Meerschweinchen, ein Vogel ... ein Hausgenosse, ein Familienmitglied, das nur Freude macht!
Insbesonders alleinstehende Menschen finden in einer Tierfreundschaft Ablenkung, Freude, Angenommensein, Zärtlichkeit. Wer einmal erlebt hat, welch freudige Erwartung durch das Seniorenheim geht an jenem Tag, da „Tierbesuch“ angesagt ist, kann in etwa ermessen, was ein Haustier für einen Menschen bedeuten kann. Und eben hierin liegt auch die Berechtigung und Notwendigkeit des Trauerns.
Erschwert wird die Trauerarbeit indes dadurch, daß die Umgebung, wie oben angedeutet, im Falle eines Tieres keine oder nur stark reduzierte Gefühle zuge-

stehen will. Demnach kommt zum Abschiedsschmerz erschwerend das Unverständnis der Umgebung. Hier liegt für den Tierarzt eine Aufgabe, auf die er wohl kaum vorbereitet ist. Von der Art und Weise, wie er dem Tierhalter die schlechte Nachricht mitteilt, von seiner liebevollen Zuwendung kann tröstliche Kraft ausgehen. Gerade im Augenblick der schmerzlichen Betroffenheit ist jeder überaus dankbar für mitfühlende Zuwendung.
Wenn Sie also einen vierbeinigen Lebenskameraden verloren haben, dann dürfen Sie auch trauern. Sie dürfen dazu stehen, ohne sich zu schämen, haben Sie doch einen Freund verloren. Wer jedoch diese Art des Abschiednehmens nie kennengelernt hat, aus welchen Gründen auch immer, mag nicht urteilen. Ahnt er doch nicht, wie tief solch ein Abschied gehen kann. Überdies denke ich, daß jedes Tier, das von einem Menschen geliebt und für ihn einzig war, Zukunft hat im neuen Himmel und der neuen Erde. Erwartet doch die gesamte Schöpfung sehnsüchtig die Vollendung durch den Schöpfer. (vgl. Röm 8, 22)

Eines soll das Kapitel beschießend noch bemerkt werden: So, wie kein Schmerz einem anderen gleicht, kein Leid sich gegen ein anderes abwägen läßt, ist auch Tod nicht mit Tod und Trauer nicht mit Trauer zu vergleichen.
In der Regel genügt das Schmerzliche jeweils dem, der es zu tragen hat! Für jeden – so er geliebt hat – bleibt Abschied eine Tragik, die kein Außenstehender auch nur annähernd zu ermessen imstande sein kann.
Verzichten wir daher darauf, einem Trauernden zu sagen: „Schau, bei Familie X war es noch viel schrecklicher … und die müssen auch damit fertig werden!"
Derartige Tröstungsversuche können wir uns sparen,

sie verletzen mehr als sie heilen! Denn immer entspricht der Schmerz dem Maß der Liebe und umgekehrt: Wer viel geliebt hat, wird auch viel leiden!
Auf eine Behauptung, die öfters zu hören ist, sei in diesem Zusammenhang noch verwiesen: „Der Mensch stirbt, wie er gelebt hat!“ Welch eine Anmaßung liegt doch in dieser Formulierung! Was weiß denn schon ein Mensch von einem andern und seinem Leben! Wir nehmen stets nur das Äußere wahr, daher ist es besser, über alles, was darüber hinaus- bzw. tiefer hineinreicht, in Behutsamkeit und Ehrfurcht zu schweigen.
Es liegt ein großes Geheimnis über dem Sterben eines Menschen. Mag sein, daß es bei manchem eine gewisse Entsprechung zwischen Leben und Sterben gibt. Täuschen wir uns jedoch nicht, es stirbt nicht jeder „seinen“ Tod. Insbesonders in unseren dunkelsten Stunden gibt es auch so etwas wie Stellvertretung (vgl. „Begnadete Angst“).
Auf welche Weise auch immer der geliebte Mensch von Ihnen gegangen sein mag, dessen dürfen Sie sicher sein: Am Ende steht nicht der Abschied, sondern das Wiederfinden; nicht die Trennung, sondern die Umarmung; nicht der Tod, sondern das Leben! Und dies, weil Gott ein Gott des Lebens und der Lebendigen ist, der uns in Jesus Christus sagt: „Ich bin gekommen, damit sie das Leben haben und es in Fülle haben.“ (Joh 10, 10)

Trauer braucht Zeit und Zeichen

Trauer im Eiltempo?

Ich denke, daß der Mensch früherer Zeiten etwas vermochte, wozu wir heute kaum mehr fähig sind: Er hat es verstanden, einen Eindruck zum Ausdruck zu bringen. Er hat Inneres nach außen transferiert und sich damit für Neues freigemacht.
Nur der zum *Aus-druck* gebrachte *Ein-druck* hinterläßt keine *Delle*. Für einen Trauerfall bedeutet das: Der schmerzliche Ein-druck, den der Abschied hinterlassen hat, sucht – vor allem im ersten Jahr – nach adäquatem Aus-druck.
Manche Menschen erachten ein Trauerjahr für „Luxus". Rationelles Trauern ist anscheinend angesagt. Es darf nicht zu lange dauern, ein paar Tage vielleicht – das Leben muß weitergehen. Ich habe das Gefühl, daß manche Menschen von den traurigen Seiten des Lebens möglichst wenig tangiert werden wollen. Schmerz und Trauer müssen „weggesteckt" werden, so schnell wie möglich! Wir bringen heute alles auf den „Punkt" und „können damit leben". – Können wir es wirklich?
Da war ein schweres Lawinenunglück in Vorarlberg mit sechs Toten. Als man den letzten Toten endlich geborgen hatte, war die Betroffenheit groß. Tags darauf gingen die Überlebenden der vom Unglück betroffenen Gruppe wieder ihrem Schivergnügen nach. Danach befragt, ob sie sich denn dazu in der Lage sähen, sagten sie: „Wir haben den Tod unserer Freunde verarbeitet!" Einige Stunden Trauerarbeit genügten offenbar.
Nur nicht denken, nicht nachdenken, hinein in den

Spaß! Diese Art, mit Tod und Trauer umzugehen, ist im Endeffekt krankmachend.
Es war kein Zufall, daß man früher ein Jahr lang „Trauer getragen“ hat, das heißt, schwarz gekleidet ging. Dahinter verbirgt sich wohl mehr, als man auf den ersten Blick meinen möchte. Einerseits sollte der Trauernde selbst schon beim Anlegen der Trauerkleidung erinnert werden, daß er ein Recht auf seine Trauer hat, und daß dies von den Menschen seiner Umgebung zu respektieren sei. Andererseits sollten die ihn umgebenden Menschen eingeladen werden, in liebevoller Zuwendung oder rücksichtsvoller Distanz mit dem Trauernden umzugehen. Sie sollten angeregt werden, an ihm nicht vorbeizusehen, nicht vorbeizugehen, vorausgesetzt, der Schwarzgekleidete signalisierte den Wunsch nach Begegnung.
Die Menschen wußten früher sehr wohl Bescheid über die Bedeutung der Trauerarbeit, vielleicht besser als wir heute, haben wir doch das sogenannte Trauerjahr abgeschafft. Ich denke dabei auch an die selbstverständlich geübte Praxis, im Trauerjahr keine großen Feste zu veranstalten und von Tanz und Unterhaltung fernzubleiben. Mancher Mensch heute findet das überzogen, eben überholt. Die häufig gewählte Formulierung – trauern sei eine Sache des Herzens und bedürfe daher keiner Äußerlichkeiten – zeigt dies. Nein, Äußerlichkeiten sind nicht notwendig, aber Zeichen. Und was Zeichen, verbindliche, aussagestarke Zeichen anlangt, sind wir verarmt. So muß jeder Trauernde die Zeichen, die er setzen will, selbst finden, erfinden – ein gar nicht einfaches Unterfangen. Gerade in der Trauerarbeit war es hilfreich, auf lange Gepflogenes zurückgreifen zu können.
Selbst dann, wenn es offiziell nicht mehr bindend und verpflichtend ist, kommt dem Trauerjahr mit seinen

dichten „Denktagen“ auch heute noch heilsame Bedeutung zu.
So vieles ist in der Erinnerung aufgehoben. Nunmehr ist alles gezeichnet von der Einmaligkeit, der Letztmaligkeit. Das erste Jahr nach dem großen Abschied ist ein Jahr der blanken Trauer. Zu Vieles ist zu be-denken, nach-zudenken, aus-zudenken, um-zudenken … Es darf ruhig auch ein Jahr des Dialogs werden mit ihm, der weggegangen ist, zumal er wohl noch sehr stark in das Hier und Jetzt verwoben ist. Sie merken dies daran, daß Sie ihn in den Räumen ihrer gemeinsamen Vergangenheit „finden“. Insbesonders bei plötzlichen Todesarten ist auch für den Scheidenden das Abschiednehmen im Nachhinein von großer Bedeutung. Und es scheint, als würde auch er dazu „geraume Zeit“ brauchen. Schließlich werden Sie den Eindruck haben, daß er sich zusehends „weiter weg“ bewegt.
Für den vom Abschied Betroffenen bleibt das erste Jahr eine mühselige Wegstrecke. So vieles lebt wieder auf, will nochmals durchlebt, durchlitten, durchliebt werden. Dabei stellt die Abfolge der Jahreszeiten den Hintergrund und Rahmen für die Trauerarbeit dar. Und immer wieder drängt sich die Erinnerung auf: voriges Jahr um diese Zeit …
Der Jahreskreis und die Festzeiten sind nicht selten Auslöser für ein neues, schmerzliches Gewahrwerden dessen, was der Liebende verloren hat. Trauer verstärkend wirken die Jahreszeiten, wie sie in unseren Breiten mit ihrem starken Bild- und Gleichnischarakter erfahrbar sind. Alles dreht sich um Werden und Vergehen, Aufbrechen und Absterben. Dabei ist es unterschiedlich, im Frühling oder Herbst, im Sommer oder Winter zu trauern.
Auch das jeweilige Wetter wirkt sich – oft atypisch –

tröstend oder drückend auf Ihren Gemütszustand aus. Ist es draußen strahlend schön, schmerzt der Kontrast, zumal es in Ihnen bewölkt und verhangen ist. So kann es durchaus sein, daß Sie Regen, Sturm, Schneefall als passend und stimmig empfinden und dem Hochdruckwetter vorziehen. Unbewußt sucht der Trauernde auch in der Natur eine Entsprechung, die geeignet ist, seine innere Verfassung widerzuspiegeln.
Wichtig bleibt für dieses erste Jahr: sich nicht fortschwemmen lassen von Schmerz und Trauer.
„Laß der Trauer keine Macht über deine Seele; denn ein trauriges Herz bricht die Kraft", heißt es bei Jesus Sirach. Eine gute Mahnung! Sie bedeutet wohl: Schwimme ruhig im düsteren Strom des Trauerns, du kannst ihm jetzt nicht entrinnen, aber laß dir die Wasser nicht ans Leben gehen! Schwimm!

Tröstliche Begegnungen

Trotz allen Bemühens, die Trauer durch die Zeit zu tragen, gibt es Tage, da lassen sich die Gedanken an den geliebten Menschen, der einen verlassen hat, nicht einmal für einen Augenblick abschütteln. Es hilft kein Ablenken, keine Beschäftigung, kein Fernsehen, kein Spaziergang. Nichts bringt Trost, nirgends findet sich Erleichterung.
Da dachte ich noch vor einigen Tagen, ich wäre ein wenig „drüber", fähiger, mit Mutters Abwesenheit umzugehen, nicht mehr gar so wund und berührt beim Gedanken an sie. Nichts von alledem! Pausenlos fallen mich die Erinnerungen an und die Gefühle, Empfindungen, Ängste, die nunmehr ein Jahr zurückliegen, sind manchmal so wach, so schmerzlich, als wäre alles noch ganz frisch.

Kürzlich habe ich mit einer Mutter gesprochen, deren 28jährige Tochter – eine überaus liebevolle, begabte, hübsche, junge Frau – vor zwei Jahren an Krebs gestorben ist. Sie war durch sechs Semester hindurch meine Studentin gewesen. Ich hatte sie sehr geschätzt und liebgewonnen. Immer wieder hatte ich sie besucht während der vielen quälenden Spitalsaufenthalte und bewundernd festgestellt, wie tapfer, gefaßt, ja heiter sie mit ihrem Todesleiden umging. Sie war es auch, die ihren Mann, ihre Eltern und Geschwister stets aufzurichten versuchte.
Jetzt wollte ich wissen, wie es ihrer Mutter wohl ginge, zumal der schmerzliche Abschied nun schon eine Zeitlang zurücklag.
Nein, meinte sie, es sei um nichts leichter geworden. Der Schmerz sei wach und herb wie am Anfang, nur die Akzeptanz seitens der Mitmenschen habe wesentlich abgenommen. „Alle denken", sagte sie, „ich wäre jetzt drüber, wie wenn ich jemals über diesen Abschied hinweg kommen könnte!" So haben wir denn mitsammen geweint. Irgendwie hat es uns beiden gutgetan. Es ist tröstlich, im Herzen des Gesprächspartners ähnliche Gedanken, Empfindungen, Gefühle wahrzunehmen. Ein solches Miteinander bricht die Einsamkeit des Trauerns für eine Weile auf.
Hierin liegt auch der Sinn und die Aufgabe diverser Selbsthilfegruppen. In extremen Situationen – insbesonders nach Selbstmord oder Tod durch ein Gewaltverbrechen – ist es gut und sinnvoll, den Aufbruch in solch eine Gruppe zu wagen, selbst dann, wenn am Anfang die Worte fehlen.
Allein das Miteinanderweinen und -klagen hat heilsame Wirkung. Obschon keiner dem anderen das Leid abnehmen kann, wird es doch – wenigstens für kurze Zeit – zu geteiltem, weil mitgeteiltem Leid. Und ge-

teiltes Leid ist ja bekanntlich halbes Leid, auch wenn eine andauernde Erleichterung zunächst ausbleibt.
Soll solch ein Zusammensein zur tröstenden Begegnung werden, ist es wichtig, dem Leid des andern im eigenen Herzen Raum zu schenken. Eben darin liegt der Beginn einer Trauerbewältigung, die getragen ist von der Erkenntnis: Nicht nur ich leide! Nicht nur ich stehe allein in der Welt! Nicht nur unsere Familie hat ihr Kind auf schreckliche Weise verloren...
Sie werden spüren, welche Begegnungen für sie hilfreich und tröstlich sind. Diese gilt es zu suchen!

Gefährliche Tröster

Doch ist eine gewisse Vorsicht angebracht, zumal es auch gefährliche Tröster gibt! Oft ist es gerade der durch einen besonders tragischen Tod verletzte Hinterbliebene, der Gefahr läuft, auf solche „Tröster" und ihre Zeichen hereinzufallen.
Der von einem plötzlichen Abschied Betroffene befindet sich nicht selten in einem Schockzustand. Nach außen wirken diese Menschen auf andere gefaßt, beherrscht und durchaus aller Sinne mächtig. Sie „funktionieren" planmäßig. Alles, was im Hinblick auf das Begräbnis zu veranlassen ist, wird, so scheint es, cool geplant und organisiert. Im Innern jedoch baut sich ein Panzer auf, hinter dem das wirkliche Fühlen verborgen bleibt. Der Trauernde wirkt in seinem Verhalten wie ferngesteuert, irgendwie fremd. Er läßt niemanden an sich heran, ist jedoch in seiner Tiefenschicht irrationalen Einflüssen auf gefährliche Weise geöffnet.
Es sind oft pseudoreligiöse Gruppen, die ihre „Fangarme" nach geschockten Leidtragenden ausstrecken

und sie mit berechnender Zuwendung umgarnen. Der Trauernde fühlt sich aufgefangen, verstanden, umsorgt. Jeder aus der Gruppe ist bemüht, auf ihn und seine Bedürfnisse einzugehen. Das tut ihm wohl. Dabei merkt er nicht die vereinnahmenden Tendenzen, die Abhängigkeit und Unfreiheit, in die er dabei hineinschlittert.

Im Stehvermögen stark angeschlagen, greift er verzweifelt nach jedem Strohhalm; um die Zukunftsperspektiven gebracht, fällt er kritiklos auf Vorgegaukeltes herein, wenn es entsprechend verpackt ist; aufgerissen und wund in seinem Seelengefüge, ist er diversen dubiosen Praktiken vorbehaltlos ausgeliefert. Der Hausverstand, der sich im Normalzustand rühren würde, ist im Schockzustand lahmgelegt. In einer solchen Situation kann der Trauernde – in den Händen skrupelloser Ausbeuter – zum willfährigen Werkzeug werden, zumal er unter Umständen zu jedem Opfer bereit ist, auch finanzieller Art! Es gibt genug falsche Propheten, Gurus, Scharlatane, die sich „hilfreich" anbieten!

Wenn schließlich nach geraumer Zeit des „Pudels Kern" ans Licht kommt, die wirkliche Absicht der Gruppe, Sekte, Gemeinschaft offenbar wird, hat sich der anfangs liebevoll Betreute derart ins Netzwerk verfangen, daß ein Loskommen nur sehr schwer möglich ist. Überdies wird jeder aus der Familie oder dem früheren Freundeskreis, der sich in diese Richtung engagiert, als verständnislos oder gar feindselig abgelehnt. Eine doppelte Tragik, denn das Unglück mit dem tödlichen Ausgang war in solch einem Fall erst der Beginn einer Familientragödie.

Verzichten Sie auch darauf, in spiritistischen Sitzungen über ein Medium Kontakt mit dem Verstorbenen aufnehmen zu wollen. Es gibt eine Menge nicht un-

gefährlicher Praktiken, allesamt geeignet, dem Trauernden das einzige, das ihm vielleicht geblieben ist, zu rauben: den inneren Frieden. Denken Sie daran: Sie sind verbunden mit dem geliebten Verstorbenen und Sie bleiben es über die Liebe Gottes, die ausgegossen ist in Ihrem und in seinem Herzen (vgl. Röm 5, 5). Und es gibt Augenblicke, da werden Sie dieser Verbundenheit glückhaft gewahr, auch schon in dieser Seinsweise.
Neugieriges Fragen und Forschen mit unseren jetzigen Fähigkeiten bringt uns dem Vorausgegangenen nicht wirklich nahe, ist jedoch imstande, uns in Verwirrung und Angst zu stürzen.

Trauerarbeit „vor Ort“

Mir hat es in den Tagen der Trauer sehr geholfen, am Ufer des nahen kleinen Sees allein, bei jedem Wetter spazieren zu gehen, um mein Weinen und Klagen, meine Gespräche mit Gott und meiner Mutter gleichsam dem Wind und den Wellen mitzugeben. Ganz nah am Wasser bin ich gegangen, im weichen Kiesboden, zeitlos lauschend, wie an den Gestaden der Ewigkeit. Eins geworden mit der zauberhaften Landschaft kam im Gleichmaß der Schritte auch meine Seele etwas zur Ruhe.
Eigentlich weiß ich gar nicht, warum ich dieses Seeuferstück für meine Trauerarbeit erwählt habe. Ich war nie mit Mutter dort und habe den Platz auch nicht bewußt gesucht. Eher ziellos bin ich am Tag nach Mutters „Abreise“ zwischen den notwendigen eiligen Erledigungen in der Mittagszeit mit dem Auto durch die Gegend gefahren. Der Zugang zum Seeufer stand offen, kein Mensch weit und breit, einige Bänke und

Liegebretter in Erwartung des kommenden sommerlichen Ansturms, damals noch in stiller Unberührtheit wie aus dem Winterschlaf erwachend. Einladend. Ich folgte der Einladung.

Für die nächste Zeit wird es der bevorzugte Platz für meine leise und laute Trauerarbeit. Es zieht mich in der Folge fast magisch zu „meinem“ Seeplatz. Und tatsächlich, ich gehe fast jedesmal ein wenig geläutert, gelöst, manchmal auch getröstet weg. Hirn und Herz kommen zur Ruhe und es ist, als käme ein Hauch von Frieden vom „anderen Ufer“ herüber. Auch jetzt – gut ein Jahr danach – ist dieser Ort noch immer etwas Besonderes für mich. Er ist auf eine eigenartige Weise „mein“ geworden.

Dabei hat es mich mehr an dieses Seeufer als auf den Friedhof gezogen. Ein Umstand, der vielleicht manchen verwundern wird, zumal in der ersten Zeit nach dem Begräbnis der Gang zum Grab von vielen Menschen als tröstlich empfunden wird. Ehrlicherweise muß ich zugeben, daß ich mich am Friedhof kaum oder gar nicht mit Mutter verbunden fühlte. Oder anders gesagt: ich habe sie nicht gefunden am Grab!

Aber das ist wohl von Mensch zu Mensch verschieden. Man darf daraus keine Regel ableiten. Sollte es Ihnen jedoch ähnlich ergehen, dann wünsche ich von Herzen, daß auch Sie einen Weg, eine Bank, einen Baum, ein Bächlein finden, wo Ihnen Sammlung, Friede, Trost zukommen; so ein bergendes, befriedendes Fleckerl, das Sie wach und aufnahmebereit werden läßt für das, was vom „anderen Ufer“ kommt, für die befreiende Botschaft aus der neuen Seinsweise.

Trauerzeichen um das Grab

All unser Tun um Friedhof und Grabstätte hat starken Symbolcharakter. Es drängt den Trauernden, gewisse Zeichen zu setzen, wobei er das Gefühl hat, dem geliebten Menschen damit noch Liebeserweise schenken zu können. Das Grab ist sozusagen der Kristallisationspunkt unserer liebevollen Erinnerung an das geliebte Du. Es ist gleichzeitig auch jene Stätte, wo wir unser Trauern nach außen hin sichtbar und greifbar machen.

So ist es ein sehr sinniger, aussagekräftiger Brauch, das Grab mit Blumen zu schmücken und im Andenken an den Verstorbenen Kränze am Grab niederzulegen. Gerade beim Begräbnis wird die Zeichenhaftigkeit dieses Tuns deutlich. Die Blumen wollen sagen, daß wir ihm, der von uns gegangen ist, ein „blühendes Leben" in der neuen Welt der immerwährenden Liebe wünschen; der Kranz will andeuten, daß unsere Liebe zu ihm keiner Begrenzung unterliegt.

Daher versteht es sich eigentlich von selbst, daß diese Zeichen vornehmlich den vom Abschied Erstbetroffenen zukommen. Für alle anderen, die in Dankbarkeit und Wertschätzung des Verstorbenen gedenken, ist die in letzter Zeit immer mehr praktizierte Form der sogenannten Kranzablöse eine gute Möglichkeit, dies sinnvoll zu zeigen.

Wenn es demnach gelegentlich vorkommt, daß beim Abschied eines bekannten und vielerseits geschätzten Menschen sich anläßlich des Begräbnisses die Kränze türmen, steckt dahinter oft ein falsches Gutmeinen. „Man" möchte nicht fehlen in der Reihe der Kranzspender. Überdies meint man, es dem Verstorbenen irgendwie schuldig zu sein. Und selbst wenn damit Liebe, Wertschätzung und Dankbarkeit verbunden

werden, gibt es auch andere Weisen, dieses auszudrücken, zumal er von den Blumenbergen nichts Bleibendes hat.
Indes wäre es wohl in seinem Sinne, wenn andere etwas davon hätten! Ich denke, es wäre für den Verstorbenen eine Wohltat, würden die, die um ihn trauern, sozusagen um seinetwillen und an seiner Statt, Notleidenden Gutes tun. Dazu bietet sich gerade in unserer Zeit eine Fülle von Möglichkeiten. Klugerweise gibt gelegentlich die Trauerfamilie diesbezüglich Spendenkonten an. Eine Rückmeldung über eingegangene Spenden wird der Trauerfamilie zugeleitet.
Ein solches Tun ist ein echtes Geschenk von „hüben nach drüben“, ein angemessener Ausdruck dessen, was man für den Verstorbenen empfand. Auf diese Weise könnten wir auch dem Verstorbenen wirksam helfen, zumal wir ja an seinerstatt Gutes tun.
Beim Begräbnis in einem kleinen Bergdorf für den von allen geschätzten Arzt waren sage und schreibe 70 Kränze zusammengekommen. Eine überwältigende Kundgabe der Anteilnahme der Bevölkerung; ohne Zweifel gut gemeint, aber … Die Gemeinde jedenfalls wußte nicht, wohin mit der nach ein paar Stunden verwelkten Blütenpracht – es war ein eisig kalter Wintertag. Schade!
Abgesehen von unserem Tun und Schenken anläßlich des Begräbnisses bleibt das Grab für viele Kristallisationspunkt der liebevollen Erinnerung an den Verstorbenen. Ihm gelten die Zeichen, die wir dort setzen. Sie stehen stellvertretend für eine Mitteilung, die wir ihm machen wollen: „Siehst du, wie sehr wir dich geliebt und geschätzt haben. Siehst du, wieviel du uns wert bist. Du sollst wissen, daß wir dich nicht vergessen.“

Alljährlich an Allerheiligen indes steigern sich unsere Friedhofsaktivitäten zu einem Höhepunkt, der in manchen Orten kaum mehr in Relation zu dem steht, was wir feiernd begehen. Ob es sich dabei nicht gelegentlich um verspätete Liebeserweise handelt?
Ich denke in diesem Zusammenhang an jenen Ehemann, der zeitlebens vor allem für seine Karriere gelebt hat. Für Zuwendung der Ehefrau und den Kindern gegenüber blieb kaum Zeit. Jetzt, nach dem Tod seiner Frau, macht er Allerheiligen zum Hauptfesttag des Jahres. Alle Familienangehörigen haben dabei mitzuwirken, sehr zum Mißvergnügen der erwachsenen Kinder. Und der Vater legt alljährlich, wie auch am Geburts- und Sterbetag, einen Strauß mit 50 roten Rosen am Grab seiner verstorbenen Frau nieder.
Wir werden wach und achtsam sein müssen im Hinblick auf unsere Friedhofskultur, damit unsere pietätvollen Zeichen nicht zur Äußerlichkeit verkommen.

Trost aus dem Glauben

Ausgeliefert?

Es gibt Augenblicke, da erfährt sich der Mensch ausgeliefert, preisgegeben. Besonders deutlich wird dies beispielsweise angesichts neuer Seuchen. Ich denke etwa an jene Form des Ebola-Virus, das durch die Atemluft, also durch Tröpfcheninfektion, übertragen wird. Ein namhafter Virologe äußerte sich dazu und meinte, es sein eine Horrorvision, zumal durch das Auftreten eines solchen Virus die gesamte Weltbevölkerung ausrottbar wäre.
Da haben die Seuchen des Mittelalters, etwa die Pest, ihre Schrecken verloren und ebensolche, wenn nicht gefährlichere Bedrohungen kommen auf die Menschen unserer Tage zu. Man denke nur an Aids, an die tödlichen Gefahren durch atomare Katastrophen, an Terroranschläge skrupelloser Fanatiker, die über Arsenale von Waffen verfügen, in der Lage, Welt und Menschen zu vernichten. Es sind nicht einzelne, ängstliche Spinner, die sorgen- und angstvoll den Gang der Welt beobachten. Jeder wache, denkende Mensch fragt sich heute, wie soll Leben gelingen in Anbetracht alle dieser Bedrohungen? Jedenfalls wird unsere Wissenschaftsgläubigkeit einer harten Probe unterzogen.
Allzuschnell flüchten wir uns in den Gedanken, die Wissenschafter in ihren Zentren und Laboratorien werden der Gefahr schon Herr werden. Vor Tschernobyl glaubten in der Tat nicht wenige, ein Super-GAU wäre schlechterdings unmöglich. „Wir haben alles im Griff", ist eine Formulierung, die zur allgemeinen Beruhigung beitragen soll.

Heute finden sich längst nicht mehr so viele, die solchen Beteuerungen Glauben schenken. Eine gesunde Skepsis beginnt sich breit zu machen. Mit ihr indes wächst auch die Beklemmung und Angst, die viele empfinden, wenn sie anfangen, die Zeichen der Zeit zu erkennen und zu deuten. Und gleichzeitig damit stellt sich auch die Gottesfrage neu und vielleicht drängender denn je, haben wir doch den naiven Glauben an einen allmächtigen Macher-Gott längst verloren. Sind wir am Ende wirklich einem tödlichen Virus, einer alles vernichtenden Strahlendosis oder einem gewissenlosen Terroristen ausgeliefert?
Nein, nicht dieser oder jener Bedrohung sind wir ausgesetzt, sondern ihm, dem „Gott mit uns", der uns liebt und uns hineinretten wird in eine Seinsweise, der jedwede Bedrohung fremd ist.
Mitten in all dem und hinter all dem, was uns im Verlauf unseres Lebens trifft, steht ein Gott, der auch dann noch Zukunft für uns hat, wenn die Katastrophe längst besiegelt scheint.
Vielleicht müssen wir uns dessen wieder neu und tiefer bewußt werden: Dieses Leben – so faszinierend und beglückend es auch phasenweise sein mag – ist nicht mehr und nicht weniger als die *Ouvertüre*, das Vorspiel. Und der Vorhang geht erst auf, wenn die Ouvertüre verklungen ist.
Das ist die Botschaft von Ostern: an der todsicheren Grenze findet sich auch der *todsichere „Grenzübergang"* kraft der schöpferischen Liebe Gottes. Das ist es, was Jesus Christus in seinem Sterben und Auferstehen für uns greifbar und faßbar machen wollte. Mit ihm leben, sich ihm anvertrauen, führt niemals in die Irre, sondern nach Hause. Er, der selbst das dunkle Tor des Todes durchschritten hat, erwartet uns dort, wo der Tod anscheinend das Ende besiegelt, und zeigt uns,

daß diese dunkelste Etappe nicht ein „Schacht“ ist, der in der finsteren Tiefe endet, sondern eine „Unterführung“.
Wie gewaltig, wie beängstigend auch immer die allgemeine oder die konkrete Bedrohung sein mag, uns allen gilt die sichere Zusage: „Fürchte dich nicht, denn ich habe dich erlöst, ich habe dich beim Namen gerufen, mein bist du!“ (Jes 43, 1)
Es ist der Glaube, der uns fähig macht, in Vertrauen, Liebe und Gelassenheit unseren Weg zu gehen – gleich, ob wir unsere Lieben in Tod und Auferstehung hineinbegleiten, oder ob wir uns selbst für diesen letzten Gang zu rüsten versuchen.
Eines indes ist dieser Glaube nicht: ein Narkotikum, das uns unverletzlich, Schmerz unempfindlich macht! Ein Satz, der mir bisweilen gesagt wurde, insbesonders zur Zeit des Begräbnisses, lautete: „Bei Ihrem Glauben ...“, der meist unausgesproche „Rest“ sollte wohl heißen: „ist das Ganze nicht so schlimm!“ Hinter dieser Ansicht verbirgt sich ein verbreitetes Mißverständnis – der Glaube sei ein Betäubungsmittel. Das jedoch ist er nicht. Ein Mensch, der im Glauben unterwegs ist, verwirklicht nicht das Menschenbild der Stoa, in dem es galt, unbewegten Gemüts, eben in „stoischer Ruhe“ allen Widerfahrnissen zu begegnen. Ein Glaubender ist gleichermaßen ein Liebender (eines ohne das andere ist nicht denkbar und schon gar nicht lebbar!). Als solcher ist und bleibt er verletzlich, verwundbar. Vielleicht wird ein Mensch sogar umso verletzlicher, je tiefer er in die Liebe Gottes hineinwächst, je mehr er von dieser Liebe erfüllt, berührt, beseelt wird.
Es ist daher ein Trugschluß zu meinen, der Glaube mache einen gegen sogenannte Schicksalsschläge gefeit und wirke wie ein sanftes Betäubungsmittel.

Wahr ist vielmehr: Er hilft den Schmerz auszuhalten, nimmt ihn jedoch nicht weg; er hilft die Trauer durchzutragen, tilgt sie jedoch nicht. Wohl *verklärt* der Glaube Schmerz und Trauer. Er macht ihn sozusagen *klar*, transparent, durchsichtig auf das Eigentliche, das Dahinterliegende, das Endgültige. Im Glauben verbirgt sich die Sonne des Ostermorgens, die mehr oder weniger merklich und spürbar in den dunklen Stunden des persönlichen Karfreitags heraufdämmert.

Der Heilige Geist als Tröster

Dabei will ich nicht in Abrede stellen, daß es so etwas wie besondere Tröstungserfahrungen gibt. Sie stammen – wenn sie echt sind – vom Heiligen Geist, der als Tröster verheißen ist und erfahrbar wird. Bisweilen bin ich in Gesprächen mit Menschen, die aufs härteste von einem Unglücksfall betroffen waren, auf solche außergewöhnliche Erlebnisse des Getröstetwerdens gestoßen. Ich denke in diesem Zusammenhang an jene Mutter, deren einziges Töchterchen durch eine Verkettung unglückseliger Umstände vor ihren Augen vom Zug überrollt wurde. Als ich knapp nach diesem schrecklichen Vorfall mit ihr ins Gespräch kam, gestand sie mir, mit einer alle Bereiche des Verstandes und Gemütes überflutenden, erfüllenden Glückserfahrung – sie sagte Glück! – beschenkt worden zu sein. Und dies in eben jenem Augenblick, als der Tod der Kleinen unabänderliche Gewißheit war. In diesem unbeschreiblich dichten Moment wurde ihr begreiflich gemacht: „Es ist gut." Sie erlebte ihr Kind angekommen, aufgehoben, vollendet, ganz im Heil, und konnte von innen her voll in das Geschehen einstimmen und zustimmen!

Wörtlich meinte sie: „Was mit mir in diesem Augenblick geschehen ist, kann ich nicht erklären, ich bin aber unendlich dankbar dafür."
Es gibt ohne Zweifel solche außergewöhnliche Erfahrungen des Getröstetwerdens. Noch öfter indes haben mir von schwerem Leid Betroffene bekannt: „Ich weiß selbst nicht, wie ich alles durchgestanden habe. Heute noch wundere ich mich darüber, daß ich damals nicht verrückt geworden bin!" (Mutter eines siebenjährigen Mädchens, Opfer eines Sexualattentäters)
Ähnliches bekam ich des öfteren gesagt, besonders von Eltern, deren Kinder auf gewaltsame Weise ums Leben kamen. Nicht eine spektakuläre Tröstungserfahrung war diesen Menschen in der Folge zuteil geworden, sondern eine heimliche, leise „Kraftzufuhr" von Augenblick zu Augenblick; ein Gehaltensein mitten in der bodenlosen Traurigkeit, ein Gestütztwerden mitten in der erdrückenden Pein, ein Am-Leben-gehalten-Werden in den fortgesetzten Momenten des Mit- und Nachsterbens. Auf diese Weise hat der Glaube seine tragende, stützende, lebensspendende Dimension entfaltet.
Sie wird indes nicht allein nach einem Todesfall spürbar, sondern auch in den entscheidenden Situationen, die dem Sterbebegleiter zugemutet werden. Und hier sind es im besonderen jene Augenblicke, in denen es gilt, den geliebten Menschen „gehen" zu lassen, ihn loszulassen, ihn aus der Hand zu geben. Vielleicht ist der größte und schwerste Liebesdienst, den der engste Angehörige dem Scheidenden erweisen kann: die „Erlaubnis" wegzugehen, zu sterben. Ohne Zweifel ist all das in der Dimension hoffenden Glaubens „leichter" zu leisten, jedoch nicht leidlos oder oder auch nur weniger leidvoll.

Ein Faktum darf dabei nicht außer Betracht bleiben: Wir alle (ich wage es zu behaupten! Glücklich, wer sich nicht einschließen muß) sind glaubende Ungläubige oder ungläubig Glaubende! Dieser Eindruck entsteht, wenn man die Antworten auf Befragungen von Sonntagsgottesdienstbesuchern liest, das „Leben der zukünftigen Welt" betreffend. Im Grunde mutet die gedankliche Inkonsequenz befremdend an, zumal wahrscheinlich alle das Glaubensbekenntnis in der vorausgegangenen Meßfeier mitgebetet haben: „... Ich glaube an die Auferstehung der Toten und das ewige Leben". Danach befragt, geben nicht wenige ehrlich zu, doch nicht „so recht" daran zu glauben. Wahrscheinlich tun wir uns alle nicht leicht mit der im Glauben mitgegebenen Hoffnung, deutet sie doch hin auf eine andere, künftige Seinsweise.
Von ihr zu sprechen, oder gar an ihr sich festzuhalten, wird vielfach als billige Vertröstung abgetan. Menschen unserer Tage sind geradezu allergisch gegen eine „Vertröstungsreligion". Und in der Tat ist es pharisäisch und unlauter, den Armen, in dieser Welt Benachteiligten, zusagen zu wollen: Du wirst für Deine gegenwärtige Notlage in der Zukunft entschädigt, reichlich, dann, im Jenseits. Zu manchen Zeiten erlebten sich die christlichen Machthaber vielleicht gar als „Wohltäter" für die Unterdrückten, „verhalfen" sie ihnen doch zu einem größeren Himmelsglück. Nein, so will der Glaube an ein ewiges Leben nie und nimmer aufgefaßt und verkündet werden!
Doch abgesehen von solch einer schiefen Perspektive des neuen Lebens, hält sich auch beim sogenannten Glaubenden Neugier oder Vorfreude auf das ewige Leben in der Regel in Grenzen. Bekanntlich ist uns

eben „der Spatz im Sack lieber, als die Taube auf dem Dach“. Im Klartext bedeutet dies: „man weiß halt nichts Genaues von dem, was nach diesem Leben auf uns wartet.
Und das ist es eben, wir möchten Genaues, Konkretes wissen: „Wo werden die vielen Menschen Platz haben? Was werden wir essen? Womit uns bekleiden? Wie wird unsere „Himmelswohnung“ aussehen? Womit werden wir uns die Zeit (von der wir wissen, daß es sie nicht mehr gibt!) vertreiben?...
Die Vielzahl von Himmel- und Höllenwitzen signalisieren die diesbezüglichen Denkprobleme.
Es darf uns demnach nicht wundern, daß die höchst konkreten, lukrativen Paradiesausmalungen, wie sie im Islam gegeben werden, geradezu motivierend wirken, sich in diese Zukunft hineinzustürzen, zumal in diesem Leben meist keine Spur von erfüllbarer irdischer Hoffnung gegeben ist. Was Wunder, wenn so mancher Palästinenser im Hinblick auf die reichlich gedeckten Tische und die bereitgestellten Freudenmädchen willens ist, durch eine Kamikazeaktion dieses armselige Leben mit jener so konkreten, lustvollen Paradieszukunft zu vertauschen. Diese Art einer Jenseitsdeutung spricht an, zumal sie dem Menschen genau das verspricht, wonach er sich jetzt ausstreckt, was er nur zu gerne besäße.
Wer jedoch tiefer in den Menschen hineinhorcht, wird erkennen, daß alles, was uns jetzt glücklich macht, viel zu dürftig, zu vordergründig, zu oberflächlich ist, um die unendliche Sehnsucht, die im Herzen jedes Menschen schlummert, in Wahrheit stillen zu können!

Das Unvorstellbare als Stolperstein

Zu Jesus kamen einige von den Sadduzäern, die behaupten, es gebe keine Auferstehung. Sie fragten ihn: Meister, Mose hat gesagt: Wenn ein Mann stirbt, ohne Kinder zu haben, dann soll sein Bruder dessen Frau heiraten und seinem Bruder Nachkommen verschaffen. Bei uns lebten einmal sieben Brüder. Der erste heiratete und starb, und weil er keine Nachkommen hatte, hinterließ er seine Frau seinem Bruder, ebenso der zweite und der dritte und so weiter bis zum siebten. Als letzte von allen starb die Frau. Wessen Frau wird sie nun bei der Auferstehung sein? Alle sieben haben sie doch zur Frau gehabt. Jesus antwortete ihnen: Ihr irrt euch; ihr kennt weder die Schrift noch die Macht Gottes. Denn nach der Auferstehung werden die Menschen nicht mehr heiraten, sondern sein wie die Engel im Himmel. Habt ihr im übrigen nicht gelesen, was Gott euch über die Auferstehung der Toten mit den Worten gesagt hat: Ich bin der Gott Abrahams, der Gott Isaaks und der Gott Jakobs? Er ist doch nicht der Gott der Toten, sondern der Gott der Lebenden. (Mt 22, 23–33)

Es ist nicht weiter überraschend, daß die Sadduzäer Jesus fragten, wie es sich wohl mit dem „Besitz der Ehefrau“ verhalte, wem sie wohl gehöre, wenn sie nach dem Tod des jeweiligen Mannes wieder geheiratet hätte.

Die Frage der Sadduzäer an Jesus könnte durchaus von einem Menschen unserer Tage gestellt worden sein.

Auch wir neigen dazu, das Jenseitige diesseitig auszumalen, um es so für uns einigermaßen erstrebenswert werden zu lassen. Bisweilen stolpern wir dann über die „selbstgebastelten“ Vorstellungsinhalte und neigen

dazu, den Glauben an ein Leben nach dem Tod als für uns unvorstellbar und daher unmöglich abzutun.
Immer wieder geraten wir in Gefahr, alles mittels menschlichen Verstandes prüfen und festlegen zu wollen. Dort allerdings, wo es um die Dimension Gottes geht, erweist sich unser menschliches Instrumentarium als untauglich.
Nur die Dimension des Menschen läßt sich mit unserer sinnenhaften Wahrnehmung begreifen, erfassen. Die daraus resultierenden Vorstellungsinhalte beziehen sich ausschließlich auf das Hier und Jetzt und sind nicht geeignet, das gänzlich Andere, Wesenhaft-Neue für uns begreifbar, faßbar zu machen. Daher müssen wir uns hüten, in den folgenschweren Fehler zu verfallen, das für uns Unvorstellbare als *unmöglich* abzutun. Hierin liegt eine ergiebige Quelle für Glaubenszweifel aller Art!
Erst dort, wo ein Mensch von Jesus Christus existentiell betroffen ist; wo die Botschaft des Auferstandenen im Innern eines Menschen Klang und Farbe erhält; wo durch eine Gotteserfahrung in einem Menschen ein Ahnen aufbricht vom Gott der Überraschungen: Erst dort wird der Mensch als Glaubender anfangen, in die Hoffnung, die Jesus Christus ist und garantiert, hineinzuwachsen.
In dem Maß, als Gott selbst das Herz des Menschen berührt, wird dieser auf eine Zukunft zu hoffen beginnen, die ihresgleichen nicht kennt in dieser Welt. In dem Maß, als seine Beziehung zu Jesus Christus wächst und reift, wird er bereit und fähig, seine Erwartungen nicht mehr auf konkrete, irdische Vorstellungsinhalte zu gründen.
Vielmehr wird er seine Hoffnung auf Gott setzen, dessen Liebe er zu erahnen begonnen hat. Und die Erfahrung, die unser aller Leben säumt – soferne wir in

der Lage sind, ihr nachzuspüren – zeigt, daß Gott in seiner Liebe genau weiß, was unser Herz letztlich beglückt. Wir dürfen uns dieser Liebe für dieses und für jenes Leben sorglos anvertrauen.
Bemerkenswert bleibt überdies der Schlußsatz ders obigen Schriftstelle: „Das Volk war über seine Lehre bestürzt!“ Weswegen? Wohl deshalb, weil das, was Jesus zu dieser heiklen Frage zu sagen hat, eben ganz und gar nicht den Vorstellungen und Denkmodellen der Frager entspricht.

Ein neues Menschenbild

Zudem entwirft Jesus in seiner Antwort ein neues Menschenbild: Der Liebende, der ganz freie, ist der Mensch der Zukunft. Er ist den Zwängen des Haben-Wollens, Besitzen-Müssens enthoben. Er ist der Voll-Erlöste. Beheimatet und aufgehoben in der alles umfangenden, alles durchdringenden Liebe Gottes, ist er fähig für ein neues Lieben. In freier, lauterer Liebe wendet er sich denen zu, die er schon immer zu lieben glaubte, und erkennt erst jetzt, wieviel Egoismus während seines Erdenlebens in seiner vermeintlichen Liebe war.
Nunmehr ist die Liebe Gottes Raum und Lebenselement aller Begegnungen. Das ist auch der tiefste Grund dafür, daß diesen Begegnungen eine neue Qualität innewohnt und zugrundeliegt: Kein Festhalten oder Festlegen, kein Klammern oder Einengen, kein Bestimmen oder Überstimmen mehr!
In dem von Gott durchwirkten, durchwalteten Lebensraum ist der Mensch die neue Schöpfung, geschaffen nach dem Bild, das Gott von ihm von Anbeginn an hatte. Jetzt erst hat der Mensch seine Tau-

fe voll verwirklicht. Er hat im wahren Sinne des Wortes „Jesus Christus angezogen“. Als solcher ist er fähig für ein Leben in ungeahnter Fülle. Er ist sozusagen tauglich für die „Expedition Himmel“, er verfügt nunmehr über die notwendigen Voraussetzungen für ein Leben nicht mehr aus dem Glauben, sondern im Schauen.

„Jetzt schauen wir in einen Spiegel und sehen nur rätselhafte Umrisse, dann aber schauen wir von Angesicht zu Angesicht.“ (1 Kor 13, 12).

Dann erst werden wir erkennen, daß alle noch so kühnen Entwürfe unserer Phantasie in keiner Weise an das herangekommen sind, was der Gott der Liebe uns als Zukunft bereitet hat.

Trauer will getragen werden

Vom Verlust der Zukunft

Die Trauer ist zunächst einfach da, ist allgegenwärtig, bei Tag und Nacht, selbst im Schlafen ist sie unterschwellig wirksam. Sie ist der Grundton, der in allem mitschwingt, die Grundfarbe, die das Lebensgemälde bestimmt. Sie ist es, die allem Tun und Lassen den Stempel aufdrückt, die nicht abzulegen, nicht abzuschütteln ist. Sie nistet tief im Innern und man kann sich ihrer durch keinerlei Praktiken entledigen. Sie ist am Beginn der Trauerzeit ein Zustand, den es einfach auszuhalten gilt.

Denn: Es ist vorbei, ein für allemal. Alles beglückende Gemeinsame gehört der Vergangeheit an. Nur als Erinnerung ist es aufgehoben. Und mir will scheinen, daß es im Trauerprozeß Phasen gibt, in denen die Erinnerungen so sehr schmerzen, daß man sich am liebsten betäuben möchte.

Aber Trauerarbeit will geleistet werden, ohne Aufschub und Ablenkung; Trennungsschmerz will ertragen werden ohne Narkose, da wir andernfalls im Trauerprozeß steckenbleiben würden und so die Entwicklung zum reifen Menschsein gefährden.

Wenn Sie das jetzt lesen, kann es sein, daß Sie sich denken: Reifes Menschsein – was für ein Wort angesichts dessen, daß ich die Zukunft verloren habe. Und Zukunftsplanung sagt Du, sagten wir, und genau das ist nicht mehr möglich, weil der Adressat Ihrer Zukunftspläne nicht mehr bei Ihnen ist.

Zunächst allerdings muß der gegenwärtige Augenblick bestanden werden. Das ist Schwerarbeit, vor allem deshalb, weil nichts mehr ist, wie es einmal war.

Alles, was ehedem verlockend schien, hat an Glanz verloren. Sie sind müde, todmüde. Es ist Ihnen, als hätte er, der von Ihnen ging, Sie mit in das Todesgeschehen hineingezogen. Und tatsächlich sterben immer zwei: der Geliebte und der Liebende. Was Wunder, daß Sie sich sterbenselend fühlen. Manchmal ist es, als hingen Bleigewichte an Ihrer Seele. Das Federnde aus Ihrem Gang ist gewichen. Sie gehen schleppend. Sie haben das Gefühl, als könnten Sie Ihren Körper nicht mehr tragen. Kopf, Arme, Beine, alles ist bleischwer.

Es ist schon eigenartig: Der Glückliche, in einem Du beheimatete Mensch geht schwebend, wie schwerelos, er empfindet nicht die Last des eigenen Seins, weil die Liebe ihn beflügelt. Und in dieser liebevollen Du-Beziehung ist auch das verborgen, was der Mensch zum Gelingen der Gegenwart braucht: die Zukunft. Zukunftsdimensionen hat nur der Liebende. Wenn jedoch der geliebte Mensch verstorben ist, dann ist diese Liebesbeziehung zunächst einmal unterbrochen, und damit fehlt die Zukunftsvision für diese Seinsweise. Der Zurückgebliebene erfährt sich seiner „Flügel" beraubt und erlebt quälend die ganze Erdenschwere. Es wird unsagbar mühsam, für sich selbst, auf sich allein gestellt, die Zukunft konstruktiv und sinnvoll zu gestalten.

Das beginnt schon bei der Planung für den nächsten Tag. Bislang war alles klar umrissen, jede Tätigkeit zielorientiert, die Zeit fest eingeteilt. Es gab kein Ausbrechen, keinen Freiraum. Wie oft haben Sie sich ein wenig mehr „Luft" gewünscht. Sie dachten nach, was Sie alles tun sollten, könnten, würden … Nunmehr könnten Sie es. Jetzt indes fehlt Ihnen die Lust, das Interesse, die Freude.

Im Wechselbad der Gefühle

Es wird wohl geraume Zeit dauern, bis sich Ihre Lebensgeister wieder rühren. Wenn dies jedoch geschieht, dann lassen Sie es zu, erlauben Sie sich die kleinen Ansätze zu neuer Lebensfreude und denken Sie nicht, diese sei Unrecht oder gar Verrat an ihm, der gestorben ist! Bis es jedoch so weit ist, wird Sie die Woge der Trauer immer wieder neu überrollen. Stunden später können Sie vielleicht gefaßt und sachlich die Situation um den geliebten Sterbenden beschreiben. Selbst an einem Tag wechseln bodenlose Trauer und geschenkte Gefaßtheit. Sie werden sich mit Ihren Gefühlen in diesen Tagen als „Geworfener" erleben. Schämen Sie sich nicht der diversen Ausbrüche, verzichten Sie darauf, Ihr Verhalten zu analysieren oder etwaige Kommentare Ihrer Mitmenschen zu ernst zu nehmen. Bleiben sie echt, bleiben Sie mit sich ident, sowohl in der Trauer, als auch in der Gefaßtheit. Letztere ist ausnahmslos als Geschenk anzusehen, als Gabe der Stunde. Man darf sie dankbar annehmen, denn machen, mimen kann man sie nicht. Sie ist und bleibt Geschenk des Beistandes, des Tröster-Geistes. Wagen Sie es daher, immer wieder diesen Geist zu ersehnen, zu erbitten. Er ist es, der Sie durch die Zeit des herbsten Schmerzes durchtragen wird, ob es Ihnen bewußt ist oder nicht.
Behalten Sie also den Mut zum Trauern und bleiben Sie gefaßt, vielleicht sogar heiter gelassen, so es Ihnen geschenkt wird. Dieses Sich-Lassen in den Prozessen um und nach dem Tod eines geliebten Menschen ist deshalb so wichtig, weil der Trauernde, leicht von Gefühlen überrannt, in einen Krampfzustand geraten kann.
Von unserem Bewußtsein nicht registriert und nicht

gesteuert laufen diverse Trauermechanismen ab, in die der Trauernde hineingeraten kann, ohne dessen gewahr zu werden. Ich möchte vor allem jene drei Weisen des Reagierens auf einen schweren Verlust herausstellen, die ich für besonders gefährlich und zerstörerisch halte.

Die Aggression – ein Bumerang

Menschen, die gewohnt sind, ihr eigenes und das Geschick der Ihren fest in die Hand zu nehmen, verschieben nicht selten die Gefühlsspannungen auf die rationale Ebene. Sie suchen Ursachen und Wirkungen zu ergründen, analysieren Situationen, finden schließlich wirkliche oder vermeintliche Versäumnisse und stürzen sich mit der ganzen Wucht ihrer Persönlichkeit auf etwaige Schuldige, Mitschuldige oder zumindest in die Sache Involvierte.
Ein solches Verhalten kann für den Hauptbetroffenen selbst eine Hilfe darstellen, für die Menschen in seiner Umgebung jedoch, die er jetzt zu Recht oder Unrecht zu attakieren beginnt, ist solch ein Vorgehen kaum zu ertragen. Dies vor allem dann, wenn sie selbst auch zu den Trauernden gehören.
Nicht selten verletzt so der Hauptleidtragende andere, ihm gut Gesinnte. Im schlimmsten Falle geht er – ohne Rücksicht auf Verluste – auf den liebsten Menschen los, der ihm noch geblieben ist. Anstatt sich mit ihm eins zu wissen im Trauern, ist er drauf und dran, den zu zerstören, der ihm von Herzen gut ist. Gerade im Prozeß des Trauerns fügen Menschen einander viele und oft tiefgehende Wunden zu. Wir benehmen uns im Schmerz mitunter gar nicht anders als kleine Kinder, die sich verletzt haben, und gegen die Mutter, die

sich hilfreich zuwenden will, toben und ausschlagen. Was hier läuft, ist ein Trauermechanismus, der zerstörend wirkt und im Mittrauernden völlige Hilflosigkeit auslöst.

Diese aggressive Form der Trauerverarbeitung entspricht eher dem männlichen Verhaltensmuster, zumal es in der Regel dem Mann schwerer fällt zuzugeben, daß er trauert. Es ist wohl zu einem nicht geringen Teil das Produkt der Erziehung, daß er sich keine Trauer anmerken lassen will.

Um nicht für einen Schwächling gehalten zu werden, verdrängt er Schmerz und Trauer dadurch, daß er zum Angriff übergeht. Er polt sozusagen die Trauer um und schaltet auf Angriff. Die Schuldzuweisungen helfen ihm, sich freizuspielen. So bleibt er der Starke. Frau und Kinder gehen dabei nicht nur leer aus, sondern werden unter Umständen zu allem Schmerz noch beschimpft. Am laufenden Band findet er Grund zum Maßregeln, Nörgeln, Beschuldigen, wobei er „erfinderisch" ist in den Themen, die schließlich keineswegs mehr mit dem Schlüsselereignis im Zusammenhang stehen. Alles ärgert ihn, regt ihn auf, alle andern sind schuld! Woran? Hauptsache, er hat seine Trauer „verarbeitet", freilich zur doppelt schmerzlichen Belastung der Seinen, die nicht allein am erlittenen Verlust tragen, sondern mehr noch unter dem unzugänglichen, tobenden Mann und Vater.

Ich habe es eben in einer Familie erlebt. Anlaß für den Rundumschlag des Vaters war das Überfahrenwerden des von allen geliebten Hundes. Ich gestehe, ich war betroffen, wie wenig der Vater imstande war, ehrlich mit seinen Gefühlen umzugehen, wie sehr er durch sein Wüten Frau und Kinder belastet und zusätzlich bedrückt und gekränkt hat.

Bei dieser aggressiven Art der Trauerverarbeitung gibt

es viele Stufen, Variationen und Grade. Schlimm sind sie alle; letztlich ineffizient für den Trauernden, belastend für die Umgebung. In der Regel läuft dieses Muster eher bei Männern, aber nicht nur. Auch die sogenannten „starken Frauen“ tendieren unter Umständen in diese Richtung.

Die Isolation – eine Sackgasse

Die Trauer kann sich zu einem Ungeheuer entwickeln, das jedwede aufkeimende Freude, jedes Gefallen an etwas oder jemandem abwürgt. Sie kann zum lebenszerstörenden, alles verschlingenden Moloch werden, zumal sie den Trauernden so in ihren Bann, in ihre Abgründe ziehen kann, daß ein Entrinnen nur schwer möglich wird. Sie ist imstande, im Trauernden eine subtile, in der bewußten Schicht des Selbst nicht beabsichtigte Tendenz zum Selbstmord auf Raten in Gang zu setzen.

Diese zerstörerische Form der Trauer ist daher höchst gefährlich, zielt sie doch darauf ab, den Lebenden in den Tod zu ziehen.

Man erkennt sie aus anderen Formen der Trauer daran, daß sie auch für die kleinste Freude, die winzigste Aufhellung keinen Raum läßt. Sie engt den Trauernden völlig ein. Dieser gerät in eine krasse Isolierung und schlußendlich an die Grenzen des Erträglichen.

Dort angelangt, verbündet sich die Trauer mit dem jedem Menschen innewohnenden Todestrieb. In dessen Sog löscht sich der Trauernde schließlich selbst alle noch verbliebenen kleinen „Lichter“ aus, um durch die so entstandene undurchdringliche Finsternis ein Alibi zu haben für den als unausbleiblich empfundenen letzten Schritt.

In dieser Phase der unter Umständen todbringenden Trauer ist eine Abhilfe nur sehr schwer möglich, zumal der Trauernde in seiner Sackgasse keine „Wendemöglichkeit" vorfindet. Es gälte zu Beginn des unheilvoll verlaufenden Trauerprozesses für Verwandte oder Freunde einzugreifen, um die Art und Weise des Trauerns in konstruktive Bahnen zu lenken.
Solches geschieht auch dadurch, daß man den Trauernden nicht zu lange sich selbst überläßt, sondern ihn immer wieder, taktvoll und behutsam, besucht, aufsucht, um so einen Ausweg aus der Isolation anzubieten. Daß alleinlebende Trauernde hier besonders gefährdet sind, liegt auf der Hand.
War der aggressiv Trauernde dabei, seinen Nächsten zu zerstören, so neigt der depressiv Trauernde dazu, in seiner Isolation sich selbst zu vernichten.
Auch im ehelichen Miteinander gibt es die Isolation in der Trauerphase. Sie wird in der Regel von beiden Partnern als überaus quälend empfunden. Ich habe sie nicht selten bei Eltern festgestellt, die ein Kind verloren hatten. Jeder Elternteil trauert dabei auf seine Weise und spielt dem andern eine Gefaßtheit vor, die er nicht zu deuten weiß. Dies geschieht oft aus falsch verstandener Liebe und Rücksichtnahme. Der eine will den andern nicht noch zusätzlich mit seiner Trauer belasten. Jeder drückt sich um das einzig bewegende Thema und keiner wagt es, daran zu rühren.
So trauern beide einsam und aneinander vorbei. Ein höchst schmerzlicher Zustand, zumal gerade im Miteinander-Erinnern und im dazugehörigen Miteinander-Weinen ein Stück Trauerarbeit und damit Aufarbeitung verbunden wäre.
Diese Isolation im Miteinander ist auch deshalb so gefährlich, weil beide sich, sozusagen aus Liebe, auseinanderleben können.

Wenn Sie in solch einer Situation gefangen sind, wagen Sie das Gespräch. Geben Sie zu, wie sehr Sie leiden. Hören Sie auf damit, Ihre Tränen vor dem Partner zu verbergen. Auch noch Jahre nach dem schmerzlichen Verlust kann das Durchbrechen der Isolation, die ehrliche Hinwendung zum Partner, heilend und lösend wirken.

Die Regression – ein Irrweg

Immer dann, wenn wir die Zukunft in der Vergangenheit suchen, befinden wir uns auf einem Irrweg. Das gilt nicht nur für das Kind, das nach einem erlittenen Trauma ins vorgeburtliche Stadium zurückfällt. Es verschafft sich durch Einnässen den Urzustand: feucht und warm, was so viel bedeutet wie: ich bin ganz klein, niemand kann von mir etwas fordern!
In Kenntnis dessen wundert es weiter nicht, wenn Kinder auch angesichts einer Überforderung mit Regression antworten. Sie ergreifen die Flucht aus der nicht lebbaren Gegenwart und wenden sich nach rückwärts. Ähnlich kann sich ein vom Abschiedsschmerz Betroffener verhalten. Er produziert regressives Verhalten, um sich über die grausame Wirklichkeit des Todes hinwegzuschmuggeln, in eine Phase, da alles noch gut war.
Ich denke in diesem Zusammenhang an eine junge Witwe mit zwei Kindern. Der Mann war völlig unerwartet einem Herzschlag erlegen. Der Tod des geliebten Mannes und Vaters hatte einen Schock ausgelöst. Die Ehe war sehr harmonisch, glücklich gewesen. In der Folge begann die Frau – in ihrer Trauernot – den durch den jähen Abschied abgerissenen Kontakt in der vormals üblichen Weise wieder herzustellen. Sie

tat dies durch Aktivierung der Vorstellungskraft bei sich und den Kindern. Zu ihnen sagte sie: „Vater ist bei uns, er sieht uns, nur sehen wir ihn nicht."

Dagegen wäre nichts einzuwenden, aber sie begann damit, frühere Verhaltensweisen und Gewohnheiten festzuschreiben. Sie deckte den Tisch wie früher. An Vaters Platz stellte sie neben das Gedeck ein Foto. Sie und die Kinder begannen ein Ritual aufzuziehen, das damit anfing, daß sie schon beim Aufstehen in der Früh Vater einen guten Morgen wünschten. Sein Mantel und Hut blieben im Vorraum hängen, auch in seinem Arbeitszimmer wurde nichts verändert. Allabendlich gingen alle zusammen dorthin, um Vater vom vergangenen Tag zu erzählen und ihm eine gute Nacht zu wünschen.

Die Frau selbst hielt sklavisch an der Tageseinteilung fest wie zu Zeiten, da ihr Mann noch lebte. Alles sollte so bleiben, wie es ehedem war. Es waren die Kinder, die schließlich die Mutter aus der Regression befreiten, indem sie sich plötzlich entschieden weigerten, mit dem unsichtbaren Papa in der geforderten Weise zu kommunizieren.

Es waren bittere Wochen für die Frau, die sich verzweifelt an den Gedanken festhielt, ihr Mann sei ständig gegenwärtig, wenn auch unsichtbar. Sie empfand die Weigerung der Kinder, hierin mitzutun, als Aufkündigung der Liebe und litt unsäglich darunter. Alle Versuche, die Kinder zu animieren, mit dem Vater in Kontakt zu treten, schlugen fehl. Die Kinder reagierten schließlich mit zorniger Ablehnung. Erst nach und nach konnte sich die Frau von den regressiven Zwängen befreien, ohne von Schuldgefühlen gequält zu werden.

Das Verhalten, das gleich zu Beginn der Trauerzeit eine Hilfe zur Schmerz-Überbrückung war, entpupp-

te sich zunehmend als Barriere, die ein normales Trauern und damit Aufarbeiten verhinderte. Zudem ist insbesonders bei plötzlichen Todesarten eine intensive Trauerarbeit zusammen mit den Kindern vonnöten, wenngleich das Trauern des Ehepartners von dem der Kinder wesentlich verschieden ist.
Den Kindern soll man dabei ruhig sagen, daß der Vater jetzt daheim bei Gott im neuen Leben ist und uns gewiß nicht allein lassen wird.
Es war für die besagte Mutter ein großer Trost, als Monate nach dem Todesfall ihre kleine Tochter am Morgen des ersten Schultages sagte: „Hallo, Papi, jetzt, wo wir beide zur Schule gehen, mußt halt du auf Mutti aufpassen!" Von da an konnte die Mutter endlich auf ihr Ritual verzichten. Die Kinder hatten sich schon früher losgemacht und eben auf ihre Weise getrauert. In dieser Zeit sind unzählige Zeichnungen entstanden, die die Kinder mit Vater und Mutter zusammen zeigten. In diesem Fall waren es die Kinder, die die Mutter wieder in die Gegenwart zurückgeholt hatten.

Ich weiß, im ersten Schmerz können die oben angedeuteten Trauermechanismen tatsächlich eine Art „Erste Hilfe" darstellen. Wird jedoch daran festgehalten, entwickelt sich aus der vermeintlichen Hilfe ein Hindernis im Trauerprozeß.
Trauer muß durchgetragen werden und eben dem wirken die angedeuteten Trauermechanismen der Aggression, Isolation und Regression entgegen. Weil sie jedoch schwer als solche zu erkennen, beziehungsweise zu demaskieren sind, wollte ich nachhaltig auf die innewohnende Gefahr aufmerksam machen. Zudem ist keiner, der Trauer trägt, gegen Fluchttendenzen, gleich welcher Art, gefeit.

Im Sog der Traurigkeit

Stätten vergangenen gemeinsamen Glücks

Sie gehen die alten Wege, jene Wege, die Sie so oft zusammen gegangen sind. Jeden Stein, jede Unebenheit kennen Sie. Hier sind Sie gestanden, hier hat er Sie in die Arme genommen und hier hat er gesagt ... Sie können die Gefühle von damals abrufen. Einen Augenblick lang überflutet Sie das vergangene Glück und dann ist sie wieder da, die schreckliche Leere. Sie möchten schreien, aber was bringt es? Es bringt ihn nicht zurück. So gehen Sie in der Erinnerung den alten Weg. Und ihre Gefühle schwanken von der dankbaren Freude von damals in die traurige Wehmut des Jetzt. Und während sie langsam Schritt vor Schritt setzen, verspüren Sie sein Fehlen wie eine Wunde, die in Ihrem Inneren beständig schmerzt. Sie sagen zärtlich seinen Namen, liebevoll, nach einer Antwort heischend, eine Zusage erhoffend. Indes – alles bleibt still. Und da überflutet Sie wieder der Schmerz in seiner durchbohrenden Hartnäckigkeit. Nicht selten ist so ein Tag des „unaufhaltsamen Stromes" einer, der mit Erinnerungen überfrachtet ist.
Heute beispielsweise wäre Mutters 80. Geburtstag gewesen. Ich suchte ein Plätzchen auf, wo wir beide gerne gewesen sind, so recht ein Ort der Harmonie, des glücklichen Miteinanders. Warum eigentlich fuhr ich dorthin? Hatte ich gehofft, sie dort zu treffen, einen Hauch ihrer Gegenwart wahrzunehmen? Nichts von alledem, nur Leere, schmerzliche Erinnerung an vergangene glückliche Tage. Ich hätte es doch schon wissen müssen!
Eine ähnliche Erfahrung erzählte mir kürzlich ein lie-

ber alter Bekannter, der seine Frau vor gut einem Jahr auf tragische Weise (gibt es eine nicht tragische Weise von Tod?) verlor. „Wissen Sie“, sagte er, „daß es mich magisch hinzieht an jene Orte, wo wir zusammen glücklich waren? Neulich war ich in Venedig – ich konnte dem inneren Drängen nicht widerstehen – stieg im selben Hotel ab wie damals und harrte der kommenden Dinge, während ich voller Sehnsucht und Weh durch die Gassen ging. Schließlich landete ich im Markusdom, setzte mich hin und konnte mich vor lauter Weinen eine Stunde lang nicht mehr erfangen. Ich stand auf, ging ins Hotel zurück, bat um die Rechnung und verließ die Stadt, fast fluchtartig und rundherum weh.“
Wie gut ich ihn verstehen konnte! Da standen wir nun beide mit Tränen in den Augen, weil uns dieselbe schmerzliche Erfahrung auf einmal zutiefst verband.

Fragen über Fragen

Heute ist wieder so ein Tag, an dem ich meine, das Herz müßte brechen. Ich bringe nichts weiter, bin antriebslos, lustlos und so müde, daß ich am liebsten im Bett bliebe. Wieder einmal ist alles zur Plage, zur Pein geworden! Wieder einmal hungere, ja lechze ich nach einem Lebenszeichen von drüben. Ich ersehne ein Zeichen für Mutters Nähe.
„Wo bist du? Nimmst du meine Gedanken wahr? Spürst du meine Liebe? Weißt du, wie sehr ich dich geliebt habe? Was hörst, spürst, weißt du? Wie weit bist du eingetaucht in die Dimension Gottes? Wie findest du dich zurecht in den neuen Seinskategorien? Bist du schon ganz daheim? Bist du glücklich?“

Fragen über Fragen! Wenn ich doch ahnen könnte, wie es ihr geht! Indes, die Leere um mich und in mir ist quälend. Ich könnte mir dadurch helfen, daß ich liebe Menschen aufsuche, aber im tiefsten will ich gar niemanden sehen, will mit niemandem reden, will einfach in Ruhe gelassen werden! Mein Denken und Fühlen verdichtet sich zu einem lautlosen Schrei nach ihr, die ich verloren habe.
Wir finden sie nicht, die wir geliebt haben. Sie sind unserem Zugriff völlig entzogen. Es ist eben eine andere Seinsweise, in die sie „übersiedelt" sind, nicht so grobschlächtig wie unsere, feinsinniger.
Aber warum nehmen wir nicht einmal den Hauch ihrer Liebe, ihres Geistes wahr? Warum kommt so gar nichts von „drüben" herüber?
Die alten Zweifel überfallen uns in solch einem Augenblick aufs neue. Wenn es doch nichts gibt? Wenn mit dem Tod alles aus ist? Nein! Was einmal ist, kann nicht mehr „nicht" sein! Wer einmal ins Sein getreten ist, kann nie mehr aus ihm heraustreten, nie ausgelöscht, nie annuliert werden. Er ist. Und weil er ist, darum bleibt er auch, wenngleich gewandelt. „Deinen Gläubigen, o Herr, wird das Leben nur gewandelt, nicht genommen!" (Präfation der Totenmesse).
Dabei geht alles einer größeren Seinsdichte, der Seinsfülle entgegen. Der Mensch, einmal vorgestoßen zu seiner Personalität und Individualität, kann sich nicht auflösen, kann nicht zurückfallen in einen „allgemeinen Topf" von Wesenheiten. Der Mensch, den wir geliebt haben, er, der für uns einzig war, ist und bleibt derselbe, jedoch gewandelt.
Daß wir, als Menschen im Hier und Heute, unseren gewandelten Lieben nicht in ersehnter Weise begegnen können, liegt in unserer sinnenhaften Wahrnehmung begründet. Diese stoffliche Welt ist so geartet,

daß sie mit unseren Sinnen korrespondiert. Die Welt und die Sinne des Menschen sind aufeinander abgestimmt, sie passen zueinander. Für das wesenhaft Neue jedoch taugen sie nicht, für die künftige Seinsweise ist unsere jetzige „Frequenz“ nicht ausreichend. Wir besitzen einfach kein „Empfangsgerät“, kein Empfangsorgan dafür. Das alles sagt mir das Hirn, aber das Herz?

Von Traurigkeit umklammert

Mittlerweile sind schon fünf Monate seit Mutters Tod vergangen. Der Trennungsschmerz ist an manchen Tagen so frisch, so herb, so bohrend, als wäre der Abschied erst gestern gewesen.
Sollte es Ihnen ähnlich ergehen, schämen Sie sich ja nicht und meinen Sie nicht, andere würden gewiß viel besser fertig werden mit einer ähnlichen Situation.
Täuschen Sie sich nicht; was wissen wir schon davon, wie es in einem anderen Menschen aussieht! Wir urteilen nach dem äußeren Anschein, was jedoch sagt der schon aus? Wieviele Menschen leben doch nach dem Motto: „Wie's da drinnen aussieht, geht niemand was an!“
Im Alltag mit seinen Pflichten und Verpflichtungen bleibt dem Trauernden oft gar keine andere Wahl, als seinen Schmerz verborgen zu halten. Für das Herz aber gilt: Was sind schon fünf Monate im Hinblick auf das irdische Ende einer Lebensliebe?
Indes auch dann, wenn schon Jahre nach dem großen Abschied vergangen sind, gibt es Zeiten, da fällt einen die Traurigkeit an wie ein Polyp. Man kann sich beobachten und erfährt, wie sich die Polypenarme der Traurigkeit klammernd um Leib und Seele schlingen. Vorsicht an solchen Tagen! In dieser Umklammerung

festgehalten, kann und will nichts gelingen! Der Umklammerte ist wie gelähmt.
Die Freude, etwa über ein neues Grünen und Blühen – am Vortag ein tragendes Gefühl – ist plötzlich verschwunden. An solch einem Tag fühlen Sie sich todmüde. Nichts bringen Sie voran, jede Tätigkeit erfordert unsagbare Mühe. Schon kleinste Leistungen bedürfen einer fast unaufbringlichen Kraftanstrengung.

Die hier beschriebene Traurigkeit ist sozusagen ein „Kind" der Trauer. Aus ihr hervorgegangen, trägt sie in sich die Tendenz zu eigenständiger Weiterentwicklung. Sie bewirkt nämlich, daß sich der vormals zu Recht *Trauernde* in einen zuständlich *Traurigen* hineinentwickelt, besser hinein „verwickelt".
Hier ist höchste Wachsamkeit geboten! Wehe dem, der im Zustand der Traurigkeit heimisch wird!
Versuchen Sie sich einmal die „Wasser der Traurigkeit", in denen Sie sich befinden, bewußt zu machen. Es ergeht Ihnen nämlich ähnlich, wie bei den großen Wellen im Meer. Dagegen ankämpfen bringt nichts, mitgehen ist die Lösung, sich heben und senken lassen, sich von der Welle tragen lassen! Auf einmal ist wieder Boden unter den Füßen: Die Wellen der Traurigkeit spülen uns – vorausgesetzt, daß wir es zulassen – wieder ans Festland neuer Aktivitäten und damit auch neuer Freude.
Man darf sich nur nicht selber dieses „Festland" abbauen, „wegschaufeln". Diese Gefahr lauert in der Traurigkeit ebenso wie in der Trauer. Es ist die schon genannte Gefahr masochistischer Selbstzerstörung.
Versuchen Sie, um der Gefahr zu entrinnen, bewußt das Augenmerk – d. h. Augen, Ohren, Herz und Sinn – auf das zu lenken, was Grund zu dankbarer Freude in sich birgt. Bisweilen ist es günstiger, solches auf sich

allein gestellt zu tun. Wird es einem nämlich von anderen empfohlen, stellen sich im eigenen Innern unter Umständen die „Seelenhaare" auf. Auf diese Weise wird so mancher gut gemeinte Rat abgeblockt, weil er als nicht annehmbar empfunden wird.
Sulen Sie sich nur ja nicht im Sumpf der Traurigkeit, zumal die Gefahr des Sinkens und Versinkens nicht kalkulierbar ist! Sie werden im Prozeß des Trauerns feststellen, daß auch die Abwehrlage des Organismus bedrohlich abnehmen kann. Dies besonders dann, wenn die Traurigkeit zum Zustand wird, aber auch wenn sie überspielt oder verdrängt wird.

Gescheitert?

Zunehmend gefährlich wird es, wenn sich zur Traurigkeit *Schuldgefühle* gesellen. Unter Umständen sind sie sogar der Auslöser für eine hartnäckig anhaltende Form der Traurigkeit: Hätte ich nur … Hätte ich mir doch mehr Zeit genommen! Hätte ich ihm diesen oder jenen Wunsch noch erfüllt! Wäre ich doch mehr eingegangen auf seine Andeutungen! Jeder könnte, auf seine Situation bezogen, die quälenden Sätze lange fortsetzen. Vielleicht ist es sogar eine Hilfe, sie auszusprechen, niederzuschreiben, zumal der Spuk der ständig peinigenden Wiederholung einen vergiftenden, tödlichen Stachel in sich trägt. Das Endresultat dieser Gedankenfalle heißt nämlich: „Ich bin in meiner Liebe gescheitert." Ein Gedanke, der einen wie ein Hammerschlag trifft.
Es ist notwendig, ihn näher anzuschauen, er birgt nämlich in sich eine gefährliche, selbstquälerische Komponente. Es ist der Todes-, der Destruktionstrieb, der im Trauernden angesichts des schmerzlichen Ab-

schieds aufwacht und auf subtilen Wegen sein zerstörerisches Werk auszuführen sucht. Das offene Tor: Schuldgefühl ist dabei eine willkommene Pforte. Verwehren Sie dem Todestrieb den „Eintritt", er ist nämlich ein höchst gefährlicher Kumpane. Er treibt sein Spiel mit dem vom Abschiedsschmerz geschwächten Menschen auf raffinierte Weise. Der dabei entstehende Sog hat nichts zu tun mit einsehen und einbekennen von Fehlern dem Verstorbenen gegenüber.
Es gibt nämlich unter uns Menschen in dieser Seinsweise kein fehlerloses Umgehen miteinander. Immer, tagtäglich, bleiben wir einander „naturnotwendig" die wünschenswerte Liebe in allen Ausformungen schuldig. Es ist Menschenschicksal, ständig aufs Neue hinter der Vorgabe zurückzubleiben. Nicht das Einholen ist uns aufgegeben, einzig das stets neue Mühen darum. Das ist eine Realität, der zu entrinnen menschenunmöglich ist.
Nein, Sie sind in Ihrem Lieben nicht gescheitert, Sie sind nur drauf und dran zu erkennen, daß Ihre Weise zu lieben eine zutiefst menschliche war: eben bruchstückhaft, punktuell, auch in der versuchten Treue schwankend und oft müde resignierend.

Geborgen im „Mutterschoß" Gottes

Gott indes, der nicht Liebe *hat*, sondern Liebe *ist*, wird unser kleines Lieben in sein großes, treues, allumfassendes hineinnehmen.
Das ist die großartige Zusage, der wir als Christen sicher sein dürfen. Heimgekehrt in die Liebe Gottes, angekommen im „Urmutterschoß" des dreifaltigen Gottes, wird er selbst unser dürftiges Lieben vollenden und uns zum Vollmenschen, zum heilen, heiligen

Menschen „gesundlieben“ – uns und all die vielen, die zu kurz gekommen sind während ihres Erdendaseins. Ein ganzes Leben lang nistet im Innersten jedes Menschen die Ursehnsucht nach dem Anfang, nach dem „ozeanischen Gefühl“ (Freud) des vollen Geborgen- und Aufgehobenseins, nach dem behaglichen Nest im Mutterschoß, dem Vereinzelung und Vereinsamung fremd ist.
Diese Urgeborgenheit sucht jeder Mensch im Lauf seines Lebens zumindest ansatzweise wieder herzustellen. Das Bedürfnis nach Nähe, nach Schmiegen und Kuscheln ist ein Ausdruck davon. Denken Sie in diesem Zusammenhang an Kuschelecken, Kuschelkissen, Kuscheldecken, Kuscheltiere … Insbesondere im Austausch zärtlicher Gesten wird ein Hauch davon erfahrbar.
Jedoch erst dann, wenn wir sterbend in den bergenden „Mutterschoß“ Gottes sterbend hineinfallen, wird unser aller Sehnen nach vollem Aufgehoben- und Geborgensein, nach letztgültiger Sicherheit und bedingungslosem Geliebtsein, restlos und für immer erfüllt.
Wir werden „baden“ im Meer der Liebe, das in Zukunft unser Lebenselement sein wird. Dann wird offenbar, was gegenwärtig schon gilt, dem Zugriff unserer sinnenhaften Wahrnehmung allerdings entzogen: „In ihm leben wir, bewegen wir uns und sind wir.“ (Apg 17, 28) Und das ist Himmel.

Konkrete Schritte einer Trauerarbeit

Mitgestorben

Der Schmerz ist umso größer, je mehr Sie auf den Verstorbenen hin, für ihn gelebt haben, und Ihr Sinnen und Trachten, Sorgen und Planen einzig von ihm bestimmt waren. Was ihm half, ihn tröstete, Erleichterung, Abwechslung schaffte, Aufhellung oder ein wenig Freude brachte, haben Sie herbeigeholt – bis gegen Ende nichts mehr blieb als Ihre Nähe. Ihre beruhigende Stimme, Ihr Streicheln, einfach Ihr Dasein. Und Sie waren da, bei ihm, Tag und Nacht, und Ihr Denken kreiste einzig um ihn, Sie selber sind darin nicht mehr vorgekommen. Die Sorge um ihn, dem Ihre ganze Liebe galt, hat sie ausgefüllt oder besser gesagt: aufgesogen. Ihr Selbst ist in dieser Sorge untergegangen, ist in sie hinein gestorben.
Fast ein Jahr nach dem Tod ihres geliebten Partners sagte mir eine Frau: „Er war das Einzige, das ich noch hatte. Alle aus unserer Verwandtschaft sind vorher weggestorben. Wir zwei waren ein Herz und eine Seele. Jetzt, wo er weg ist, finde auch ich mich nicht. Bin ich oder bin ich nicht? Wer bin ich? Ich glaube, ich schaffe es nicht ohne ihn. Wir haben füreinander gelebt. Für ihn habe ich mich schön und jugendlich erhalten; für ihn habe ich eingekauft und gekocht; mit ihm habe ich jede freie Stunde verbracht; um seines Glückes willen habe ich alles zurückgestellt. Und er hätte es für mich genauso getan. Der einzige Trost liegt darin, daß *ich* übrig geblieben bin. Der Gedanke, er wäre zurückgeblieben, ist mir völlig unerträglich. Aber ich schaffe das Leben nicht. Ich kann nicht leben für *mich*." Ein ehrliches, zugleich erschütterndes

Bekenntnis einer großen Liebe, wobei die mangelnde Fähigkeit zum Für-Sich-Sein, die Phase des Trauerns erheblich erschwert.
Gewiß, man könnte jetzt über Selbststand, Selbstverwirklichung, Ichstärke diskutieren. Das bringt aber nichts, auch dem Betroffenen nicht, zumal er *jetzt* das Leben meistern muß. Ihm nur zu sagen, was er hätte tun sollen, erleichtert nichts, im Gegenteil! Jene Frau sagte mir etwas später, sie fühle sich wie halbseitig gelähmt. Wir sprachen von „Therapieschritten" für die „gelähmte Hälfte" und davon, daß sie beginnen müßte, sich selbst öfter etwas Gutes zu tun, um ihrer selbst willen. Und genau das fiele ihr so schwer, meinte sie.
Ein Sachverhalt, auf den ich in vielen Gesprächen mit Trauernden gestoßen bin: Die Lebensfreude des Zurückgebliebenen ist mitgestorben, die „Lust am Sein" ist einer Lebensunlust gewichen. Die Grundmotivation des Trauernden: Das Du, das Für-dich, Mit-dir ist schlagartig weggefallen und damit die Sinnhaftigkeit des Seins. Nicht selten hat mir ein vom Abschiedsschmerz Betroffener gesagt, er wäre sofort bereit zu sterben.
Überhaupt hat der Tod, insbesondere bei jenen Trauernden, die an ein Wiedersehen in einer neuen Seinsweise glauben, seinen Schrecken verloren. Bei manchen stellt sich geradezu eine Todessehnsucht ein, in deren Folge Lethargie und Apathie einhergehen. Darin liegt eine große Gefahr. Der vom Abschiedsschmerz Betroffene muß mit allen ihm noch verbliebenen Kräften (sie sind anfangs oft verschüttet) dagegen ankämpfen. Denn, während der geliebte Vorausgegangene seine Auferstehung in der neuen Seinsweise erfährt, muß der Zurückgebliebene wieder aus dem Schmerz aufstehen und noch einmal eine

kleine, zeitlich begrenzte Auferstehung geschehen lassen im Hier und Jetzt – auch ohne das geliebte Du. Es gilt bei dieser „Auferstehung“ mitzuwirken, weil die Lebensaufgabe eben noch nicht erfüllt ist. Das „Lebenskleid“ ist noch nicht zu Ende „gewebt“, das persönliche Reifen noch nicht vollendet. Noch gilt es etwas zu leisten!
Viktor Frankl sagt: „Leiden ist da, um in Leistung umgewandelt zu werden.“ Der Abschied von einem geliebten Menschen stellt für den Betroffenen ein unsagbares Leid dar. Trauerarbeit bedeutet, dieses Leid in Leistung umzusetzen. Sie gehört wohl zu den bedeutendsten Leistungen, deren ein Mensch fähig ist.

Hilfen bei der Bewältigung der Trauer

Insbesonders in der ersten Zeit nach einem Todesfall kann ein fixer Zeitrahmen eine gute Hilfe sein. Zumal sich eines düsteren Morgens unweigerlich die Frage stellt: „Wozu überhaupt aufstehen?“ Die Kraft- und Lustlosigkeit hat die Tendenz, sich auf alle Bereiche auszudehnen; es zeigt sich ja erst nach und nach, wie sehr der trauernd Zurückgebliebene nervlich und kräftemäßig ausgelaugt ist.
Der Versuch, ein „Gesundheitsprogramm“ zu erstellen und sich daran zu binden, könnte hilfreich sein, vor allem, wenn jemand, dem man in Herzlichkeit verbunden ist, hiezu die Erstinitiative ergreift und in der Folge begleitende Maßnahmen setzt.
Einigeln, sich abschotten sind in dieser Phase höchst gefährlich. Entwerfen Sie bewußt ein Programm wider die Lethargie! Bewerben Sie sich jetzt um die längst fällige Kur. Gehen Sie wöchentlich massieren, schwimmen, turnen. Unternehmen Sie etwas, das Sie

schon lange tun wollten, auch wenn Ihnen das alles zunächst keinerlei Freude macht.
Erst im Tun strömt neue Kraft zu. Sie werden es bald merken. Versuchen Sie einfach, sich mitten in der Düsternis *Lichtblicke* zu schaffen. Treffen Sie sich mit jemandem, den Sie schon lange besuchen wollten; helfen Sie einem Bedrückten in seiner Not – aber stürzen Sie sich nicht Hals über Kopf in soziales Engagement.
Vorsicht ist geboten bei den diversen „Selbsttröstungen“ wie vermehrtes Essen, Trinken, Rauchen, Naschen ... Die Gefahr, in eine auch späte Abhängigkeit = Sucht zu geraten, ist eine Realität für jeden Bedrückten. Als Träger von Lasten wird er natürlicherweise auf Ent-Lastung aus sein; ein Umstand, der ihn geneigt macht, wirklichen oder vermeintlichen Entlastungen und Tröstungen auf den Leim zu gehen. Gelegentliche Entgleisungen in die angedeutete Richtung eines potenzierten Genießens fallen nicht weiter ins Gewicht. Nur zur Gewohnheit sollen sie nicht werden, zumal sie das Selbstwertgefühl schmälern und damit der Lethargie Vorschub leisten. Sie sind der Auswirkung nach keine wirkliche Hilfe innerhalb der Trauerbewältigung.
Ganz anders verhält es sich im Hinblick auf die Verpflichtungen einem geliebten Haustier gegenüber. Sie haben therapeutische Wirkung, zumal der wahrscheinlich fellige oder gefiederte Mitbewohner die ihm zukommende Zuwendung hartnäckig einfordern wird. Auch die Tatsache, Zuhause stets erwartet und willkommen zu sein, ist in einer Trauerphase ein echter Aktivposten.
Die denkbar größte Ablenkung und Erleichterung im Trauerprozeß bringen Kinder oder Enkelkinder, da sie ungeteilte Aufmerksamkeit und ungeschmälerte Lie-

be verlangen. Damit sind Sie ganz gefordert. Bei all diesen Zuwendungen oder Tätigkeiten bleibt für nichts anderes Zeit und Raum.
Ja selbst die Körperpflege – an einem Kind vorgenommen – ist ein forderndes Tun, weil es nicht allein der Reinigung des Körpers dient, sondern immer auch Liebeszusage ist. Und genau dort, wo liebevolle Zuwendung geschieht, beginnt sich das Trauergewölk zu lichten.
Anläßlich eines Besuches bei einer trauernden älteren Dame – ihr jüngster Sohn war dreißigjährig verstorben – wurde ich Zeugin einer überaus berührenden Szene. Während die Großmutter Details der Todeskrankheit erzählte, spielte – offensichtlich ganz vertieft – die kaum dreijährige Enkelin in einer Ecke des Raumes. Sie schien nichts von unserem Gespräch mitzubekommen. Auf einmal blickte sie auf, sah ihre Großmutter weinen. Sie stürzte förmlich herbei, stürmisch und zärtlich die Arme um Omas Hals legend. „Nicht weinen, Omi!" Die Kleine stockte eine Weile, als würde sie nach wirksamen Trostworten suchen und fand diese offenbar im Rückgriff auf selbst schon erfahrene, zugesagte Tröstung: „Alles wird wieder gut!" Das ist die Erfahrung und der Glaube eines geliebten Kindes. Glücklich, wer sich dem im tiefsten Innern anschließen kann.

Heimatlos

Trotz all dieser Hilfen wird sich der Trauernde immer wieder heimatlos erfahren.
Ein Mann, der seine geliebte Frau verloren hatte, formulierte seine Erfahrung treffend: „Ich habe das Gefühl,mein Boot wurde aus der Verankerung gerissen

und treibt jetzt ohne Steuerung auf offener See. Kein rettender Hafen in Sicht, ziellos die Fahrt, den Elementen preisgegeben."

Andeutungsweise ist mit diesem Bild ausgedrückt, worin die Grunderfahrung nach einem Todesfall besteht (immer vorausgesetzt, daß eine Beziehung der Liebe bestand):

Die Zugehörigkeit ist abgebrochen und damit ist die Geborgenheit , die in der Beziehung gelegen war, verlorengegangen. Der Zurückgebliebene erfährt sich ausgesetzt, alleingelassen, verlassen. Jenen „Ort", wo er erwartet, erwünscht, ersehnt war – es gibt ihn nicht mehr. „Es gibt keinen ‚Heimathafen' ich treibe ziellos im ‚Ozean meines Lebens'", so rundete mein Gesprächspartner sein Bild ab.

Ich erinnere mich gut, als ich nach Mutters Tod das erste Mal von H. nach L. fuhr, überkam mich plötzlich die Frage: „Wohin fahre ich eigentlich? Nach Hause?" Und da war es mir mit einem Mal voll bewußt – mein Zuhause gab es nicht mehr! Zuhause besteht nicht in erster Linie aus einer Örtlichkeit, aus einigen Möbelstücken oder liebgewordenen Gegenständen, Zuhause, Da-Heim ist nicht lokal, sondern personal.

Wenn der Mensch, bei dem Sie daheim waren, nicht mehr in unserer räumlich und zeitlich bestimmten Welt gegenwärtig ist, dann haben Sie Ihr Da-Heim verloren, dann sind Sie zunächst einmal heimatlos. Diese Erkenntnis hat mich auf jener „Heimfahrt" wie ein Keulenschlag getroffen und in mir die Frage ausgelöst, inwieweit ich wohl in Gott beheimatet bin. Sich mehr und intensiver in ihm zu beheimaten, ist wohl eine Lebensaufgabe, konform mit dem fortschreitenden Loslassen-Müssen, das mit zunehmendem Alter zur alltäglichen Lektion wird.

Lossagen muß sich der Trauernde zunehmend auch von den stets wiederkehrenden Gedankenketten, jenen quälenden Wiederholungen: „Hätten wir doch jenen Spezialisten noch konsultiert! Hätten wir die empfohlene Heilpraktikerin noch aufgesucht!" Hätten wir die Medikamente beibehalten!" Die Liste ließe sich nahezu endlos fortsetzen. Sie läuft ab nach dem stets gleichen „Programm" und demselben Endergebnis: zu spät!
Nichts mehr ist zu ändern, nichts zu wiederholen, nichts kann hinzugefügt, nichts wegretouschiert werden! Für alles zu spät! – Eine peinigende Erkenntnis! Umso dringender das Bedürfnis, dem Verstorbenen das eine oder andere zu erklären.

Vergangenheitsbewältigung – aber wie?

Um Vergangenheitsbewältigung geht es insbesondere dann, wenn Sie Ihren Lebenspartner verloren haben. Bisweilen werden Sie merken, daß Sie immer wieder in den alten „Gewässern" Ihrer gemeinsamen „Lebensfahrt" kreuzen. Dabei besuchen Sie nicht nur die schönen Inseln und Buchten, wo Sie mitsammen beglückende Stunden verbrachten, Sie erleben im Inneren auch wieder die „Sturmfahrten", die „Klippen", die Sie so recht und schlecht „umschifften" und Sie können sich zum Teil noch immer nicht erklären, wie damals alles lief: Wie konnten Sie nur so blind füreinander sein! Warum war er so wenig auf Sie eingegangen? Warum so unsensibel mit Ihnen umgegangen? Warum nur konnte er Ihnen damals so weh tun? Es fallen Ihnen diverse Auseinandersetzungen ein, kleinere oder größere Meinungsverschiedenheiten, Krachs, Streitereien. Nicht, daß Sie ihm die schmerzenden Bemerkungen, kränkenden Behauptungen nicht vergeben würden! Natürlich vergeben Sie ihm, Sie haben es schon längst getan. Indes, es tut so weh zu erkennen, daß Sie sich – oft durch Lappalien ausgelöst – in Streitgespräche hineinziehen ließen. Freilich erkennen Sie jetzt, daß die Ursache für diverse Streitereien immer dieselbe war: die Wesensverschiedenheit zwischen Ihnen beiden.

Da gab es Sachverhalte, Situationen, Begegnungen, und jeder hat das Erfahrene anders – eben seinem Wesen gemäß – erlebt, empfunden, beurteilt. Solch ein Gespräch spitzt sich schnell zu. Aus dem eigentlichen Miteinander und Füreinander wird ein plötzliches Gegeneinander.

Es kann durchaus sein, daß sich gerade in der letzten Zeit vor dem Abschied durch den Tod solcherlei Meinungsverschiedenheiten gehäuft haben und die in ihrer Tiefe so harmonische, beglückende Beziehung bisweilen getrübt und belastet war. Ein Umstand, der durch Krankheit und Todesleiden verstärkt werden kann.

Bei meiner Mutter hatte ich beispielsweise den Eindruck, daß sich ihr Herzinfarkt aus langer Hand vorbereitete. Wenn ich heute zurückdenke, dann war es vor allem eine gesteigerte Aggressivität und eine erhöhte Empfindlichkeit oder Empfindsamkeit. Gleichzeitig machte sich ein gewisser Lebenshunger bemerkbar und es fiel ihr gelegentlich schwer, mit den diversen Einschränkungen und auferlegten Begrenzungen zu leben. All das führte zu Spannungen, die auszugleichen nicht immer leicht war. Als dann der Herzinfarkt passierte, schien er mir wie eine Entladung, wie ein Knalleffekt, der längst fällig gewesen war.

Wagen Sie es daher ruhig, sich jetzt dem zu stellen, was wir bei der Reise auf den Wogen des Lebens als

„Kentern“ bezeichnen würden. In der Regel haben Menschen unseres Kulturkreises die Gewohnheit, den Verstorbenen zu verklären.
Nach den Reden bei Trauerfeierlichkeiten und Nachrufen auf Parten zu schließen, war der Verstorbene der reinste Heilige. Makellos wird er dargestellt und damit völlig verzeichnet.
Auch der von der Trauer Erstbetroffene wagt es oft nicht einmal gedanklich bei negativen, schmerzenden Erfahrungen stehenzubleiben; schon gar nicht im Gespräch, versteht sich, man redet nicht schlecht über Verstorbene! Wir dürfen und sollen den Verstorbenen so stehen lassen, wie er war. Mit eben diesem Menschen mit seinen Licht- und Schattenseiten, die uns beglückt und oft auch arg bedrückt haben, müssen wir uns nach-denkend und einfühlend auseinandersetzen.
Allerdings meine ich damit nicht das ständige Kreisen um eine „Klippenerfahrung“; schon gar nicht das Kritisieren des Verstorbenen anderen Menschen gegenüber. Trauerarbeit ist eine Herzensangelegenheit und will zum überwiegenden Teil in einsamen, stillen Stunden „geleistet“ werden.

Durch Aussprechen zur Aussöhnung

In solchen Stunden sollen wir bei immer wieder aufsteigenden Bildern, Situationen, Erfahrungen stehen bleiben, sie bewußt und liebevoll ansehen und darüber mit dem Verstorbenen in ein Gespräch eintreten. Sind es frohe, beglückende Erinnerungen, dann sagen Sie ihm: „Danke, es war so schön damals, wir waren einander so nahe, du hast mich verstanden, du hast mich damals sehr glücklich gemacht ...“

Sind es schmerzende, bedrückende Erinnerungen, dann sprechen Sie das Gewesene an, sprechen Sie Ihre Eindrücke aus, klagen Sie das Leid, das jener Begebenheit entsprang, ihm, der es verursachte; wohl, weil er nicht anders konnte.
Bringen Sie die traurig machenden Eindrücke auch sprachlich zum Ausdruck. Sagen Sie laut, wie dies oder jenes Sie bisweilen heute noch schmerzt.
Bitten Sie Ihren verstorbenen Partner, Ihnen zuzuhören und sagen Sie ihm, wie sehr Sie ihn lieben, aber auch, wie sehr Sie noch an diesem oder jenem tragen. Lassen Sie sich Zeit für so ein Gespräch. Und geben Sie auch dem Verstorbenen die Möglichkeit, sich in Ihrem Denken mitzuteilen. Eine solche Aufarbeitung kann zu einer reinigenden, heilenden Erfahrung werden für beide Teile.
Erläutern Sie nochmals, was Sie damals dachten, empfanden, beabsichtigten – was davon heute noch in Ihnen bohrt, nagt; sagen Sie ihm, wie sehr es Sie schmerzt, daß die kurze Zeit – unser Zusammensein in diesem Leben ist immer kurz, selbst wenn es 70, 80 Jahre wären – Ihres Beisammenseins immer wieder durch solche oder ähnliche Reaktionen gestört und getrübt war. Lassen Sie dabei Ihren Tränen freien Lauf. Beweinen Sie ruhig die mißglückten Abschnitte Ihrer gemeinsamen Vergangenheit. So schwemmen Sie die „Reste“, die sich wie „Sand im Getriebe“ Ihres Wesens ansiedeln möchten, fort. Sie geben damit sich selbst und dem Verstorbenen die Möglichkeit einer angemessenen Aufarbeitung.
Bitten Sie ihn in so einem Gespräch um Vergebung, wenn das Fehlverhalten auf Ihrer Seite lag; sagen Sie aber auch ihm Ihre aufrichtige Vergebung zu und wiederholen Sie das, wenn Ihnen die Situation wieder in den Sinn kommt.

Ein solcher Dialog ist hilfreich für den Zurückgebliebenen und heilsam für den Vorausgegangenen. Ist es doch so, daß jeder mit seiner persönlichen „Liebesgeschichte“ in die neue Seinsweise „übersiedelt“. Dabei bleibt mancher Rest vor allem im Hinblick auf Versöhnung – gleichsam als Altlast.
So sammeln sich im Laufe einer Partnerschaft viele „unverdaute“, weil „unverdauliche Brocken“, sie kommen immer wieder hoch und werden ein Leben lang mitgeschleppt. Und weil sie zu unserer persönlichen Geschichte gehören, werden sie auch mit „hinüber“-genommen.
Wenn Sie schließlich alles ausgeredet, erklärt und geklärt haben, dann geben Sie es auf, um die „alten Klippen“ zu kreisen. Sagen sie sich selbst und ihm, um den Sie trauern: „Es ist gut. Wir haben uns ausgeredet, wir haben einander vergeben.“
Übergeben wir das Vergangene Gott, der für uns noch immer Zukunft bereithält: Eine Zukunft, die unsere kühnsten Träume übertreffen, unsere verwegensten Hoffnungen sprengen wird.
Und für die noch verbleibende Zeit im Hier und Heute: Versuchen Sie es, die Segel neu zu setzen! Wagen Sie es, wieder „auszulaufen“! Neue Gewässer, neue Ufer liegen vor Ihnen! Sie haben noch Aufgaben zu erfüllen, bis auch für Sie der Zeitpunkt der Abreise, der „Übersiedlung“ kommt; bis auch Sie im letzten sicheren Hafen einlaufen, um für immer „vor Anker zu gehen“ im Meer der Liebe Gottes.

Im Leben sterben lernen

Alles ist Bild und Gleichnis

Unser Leben ist zweifellos mehr, als es im jeweiligen Augenblick zu sein vorgibt. Immer wieder wird uns zeichenhaft bedeutet, daß hinter dem Vordergründigen das Eigentliche verborgen ist.
Eine solche Erfahrung ist mir im Winter nach Mutters Tod geschenkt worden. An einem kalten Jännertag stapfte ich im dichten Schneetreiben über den zur Gänze zugefrorenen See. Die Sicht war dermaßen eingeschränkt, daß nur der jeweils nächste Schritt auszumachen war. Kein Durchblick, kein Überblick, kein Ausblick! Die Welt um mich war im Schnee versunken und ich hatte den Eindruck, der letzte und einzige Mensch weit und breit zu sein. Wo waren die vertrauten Ufer? Die Schilfbuchten mit den Entengelegen? Wo die Badeanstalt mit der weithin sichtbaren bunten Wasserrutsche? Wo die den See säumenden Berge? Nichts von alledem!
Ich stapfte langsam und bedächtig wie hinter einem dichten Vorhang. Die Tatsache, daß etwas „dahinter" ist, war mir nur im Vertrauen auf frühere Wahrnehmung gewiß. Jetzt, in meiner augenblicklichen Welt, war der Blick auf all das verwehrt. Und doch wußte ich, daß hinter der Schneewand eine Fülle von Farben und Formen wartete, wieder enthüllt zu werden. Die Zeichenhaftigkeit meines „Seeganges" wurde mir von Schritt zu Schritt klarer bewußt.
Ist nicht unser aller Leben oft wie ein Wandern in weglos scheinender Weite? Und wie oft fehlt uns der Vorausblick, ja selbst der Rückblick ist durch den Augenblick getrübt.

Das Zusammenspiel von Landschaft, Jahreszeit und Witterung hat Gleichnischarakter.
Mein Tappen im Halbdunkel, verursacht durch den dichten Schneefall, ergab bloß einen Augenblicksbefund! Morgen schon konnte alles anders sein, wenn das Tief abziehen würde, um für ein neues Hoch Platz zu machen. Eine solche Änderung der Großwetterlage würde wieder Sonnenschein bedeuten und meine düstere, erstarrte Welt zum Funkeln und Gleißen bringen. Und wirklich, es war faszinierend, als tags darauf der See und die nahen Gebirgsketten in helles Sonnenlicht getaucht dalagen, als waren sie eben neu erschaffen worden. Ich konnte mich gar nicht sattsehen! Alles schien verwandelt!
Es war wie eine Offenbarung: Das Dunkel erwies sich wieder einmal als Vorübergang und die strahlende Klarheit des neuen Tages ließ etwas ahnen vom bleibenden Licht und der unvergänglichen Schönheit, auf die hin wir unterwegs sind.
Für Menschen, die über die Fähigkeit zu staunen verfügen, wird das Irdische in all seinen Erscheinungsweisen und -formen zum „Bilderbuch" des Himmlischen. Solche Menschen sind imstande, in der Schöpfung den Schöpfer zu erahnen.
Im schauenden, horchenden Betrachten wird für sie das Hier und Jetzt transparent: Das Augenblickliche bringt das Künftige zum Durchschimmern, das Flüchtige läßt das Bleibende ahnen, und im Strom des Vergänglichen spiegelt sich der Widerschein des Ewigen. In dem Maß, als wir dafür sensibel werden, wächst auch unsere Fähigkeit zum Loslassen, zumal wir zunehmend erfahren, daß das Neugewonnene uns bei weitem für das alte Zurückgelassene entschädigt: „Immer muß etwas sterben, damit das Leben tiefer triumphiert." (Oraison)

Ich denke, daß Menschen, die solche Zusammenhänge schauen und deuten können, eher zum Glauben kommen, zumal ihnen die Natur zur Brücke wird, über die sie zum Glauben weiterwandern können.

Jeder Abschied – ein kleiner Tod

Es ist wohl so, daß Sterben schon im Leben eingeübt werden will. Viele kleinere und größere Tode sind es, die wir mitten im Leben sterben. Und niemand bleibt davon verschont.

Was mit der Geburt seinen Anfang nimmt, bleibt während des gesamten Lebens in dieser Welt unser Geschick: Einzug und Auszug. Von Phase zu Phase gilt es weiterzuwandern. Kaum fühlen wir uns heimisch in einem Lebensabschnitt, wachsen wir schon wieder aus ihm hinaus. Jedesmal müssen wir loslassen, um Neuland zu gewinnen.

Loslassen und empfangen, verlieren und gewinnen sind die „Gezeiten" jedes menschlichen Lebens. Das Mitgehen hinein in diese Dynamik ist uns aufgegeben. Und während wir es versuchen, üben wir uns ein in Sterben und Auferstehen. Diese Übung stellt sich als konkrete Forderung von klein auf, beginnend im Säuglingsalter. Einschneidende Entwicklungsschritte sind es, die dem Kind zugemutet werden. Eltern wissen sehr gut, daß Kinder manchmal in einer Phase „hängenbleiben", ein Anlaß zur Sorge, weil es in diesem Fall zum Werdestopp, zur Stagnation in der Entwicklung kommt. Es ist gut zu wissen, daß ein auf der jeweiligen Entwicklungsstufe abgesättigtes Kind eher bereit ist, diese wieder zu verlassen. Andernfalls neigt es zum klammernden Festhalten, zumal es sich zu kurz gekommen wähnt.

Uns Erwachsenen ergeht es ähnlich. Auch wir tendieren dazu, uns in manchen Lebensabschnitten einzunisten. Der Werde-Druck indes, der auf jedem Menschen liegt, läßt sich nicht abschütteln, ihm kann niemand entrinnen! Mitgehen, weiterwachsen heißt die Devise! Klammerndes Einwurzeln vermehrt nur den Schmerz.

Im Lauf unseres Lebens wird uns der Klammergriff der Hand und des Herzens immer wieder gelöst, zumal wir freiwillig nur schwerlich auszulassen bereit sind. Der Mensch ist seinem Wesen nach ein „Ham-ham-Geier", der alles festzuhalten trachtet, dessen er habhaft werden kann. Deshalb bedarf es der diversen Lektionen in Richtung loslassen:

Notwendige Änderungen im Eß-, Trink-, Freizeitverhalten; durchtragen-müssen diverser Gebrechen und Krankheiten; Abschiede von liebgewordenen Menschen, Orten, Plätzen; Ausstieg aus der Berufstätigkeit; die Erfahrung, nicht mehr gefragt, gebraucht, erwünscht zu sein…

In der Regel bleiben all diese Erfahrungen keinem Menschen erspart und so schmerzlich sie sind, so notwendig sind sie. Dabei ist es wichtig, in Dankbarkeit auf das Vergangene zurückzublicken und nicht immer das anzustarren, was nun einmal verloren ist.

Ich denke in diesem Zusammenhang an Vater. Lesen und Fernsehen waren für ihn im Alter zu wichtigen Informationsquellen geworden. Aber seine Sehkraft wurde immer schwächer, bis er nahezu ganz erblindete. Aber nicht einmal beklagte er dieses harte Geschick, im Gegenteil, oft sagte er: „Ich habe genug sehen und lesen dürfen in meinem Leben!" Dieser dankbare Rückblick auf das Gewesene ist ein Zeichen für reifes Altern.

Besonders schmerzlich werden diese „Tode", wenn sie

im Freigeben von Menschen bestehen, denen wir in Liebe zugetan sind. Ich denke in diesem Zusammenhang an die unzählbaren „Tode“, die Eltern sterben, während sie etappenweise ihre Kinder loslassen. Dieses Hergeben der Kinder ereignet sich in vielen einzelnen Akten, beginnend mit der Ent-Bindung(!), sich fortsetzend im Abstillen, beim Eintritt in den Kindergarten, beim Schulbeginn, bei der Fahrt auf ein Ferienlager ... – bis schließlich der Auszug aus der elterlichen Wohnung den Prozeß des Loslassens seitens der Eltern, der Verselbständigung seitens des Kindes auch nach außen hin markiert. All das tut weh, muß jedoch geschehen.

Ungleich bitterer ist es, wenn Eltern den „Auszug“ des Kindes aus der vermittelten Wertwelt zulassen müssen, um in der Folge Zeugen zu werden, wie das geliebte Kind ganz andere Wege geht als die erhofften. Doch auch diese Situation ist nicht hoffnungslos, weil nicht wir Menschen das letzte Wort sprechen, sondern Gott, der auch dann noch Möglichkeiten bereit hält, wenn wir schon den „Stein der Endgültigkeit“ auf die „Gräber“ unserer Hoffnungen gewälzt haben. „Nehmt den Stein weg!“ sagt Jesus zur Schwester des Lazarus. Sie zögert, zumal die Verwesung schon eingesetzt hat. Jesus beharrt auf seiner Anweisung. Ja, er macht von ihrer Befolgung sein erweckendes Tun abhängig. Ein interessanter Zusammenhang! (Vgl. Joh 11, 39ff)

Das *Wegrücken des Steines* ist unsere Aufgabe, die darauffolgende Auferweckung die Tat Gottes. In ihr werden alle unsere Tode aufgehoben, annulliert. Und das ist die gute Nachricht: Alle von uns geleisteten, erlittenen Abschiede münden in das große bleibende Wiederfinden, alle durchgetragenen Tode führen uns hinein in die Wirk-lichkeit der Auferstehung.

Jeder Abschied ein kleiner Tod? Ja, aber nicht ohne Hoffnung!

Auch das ist Sterben

Es gibt vielerlei Todessituationen, die sich innerhalb der menschlichen Beziehungen abspielen. Ihre Namen sind vielfältig: Enttäuschung, Verrat, verschmähte Liebe, Mißtrauen, Mißdeutung, Scheitern...

Da liebt ein Mann seine Frau von Herzen, er tut alles in seiner Kraft Stehende, um ihr, die krank ist, das Leben zu erleichtern. Jedoch die alten, tiefen Wunden, die sie aus ihrer Kindheit mit in die Ehe gebracht hat, lassen sein ehrliches Mühen scheinbar scheitern.

Es sind das Unerwünschtsein, die Zurücksetzungen, das Niedergemachtwerden und vor allem die fehlende Erfahrung treuer, verläßlicher Zuwendung. All das bricht jetzt in ihr auf und wird in den Partner projiziert. Was immer er versucht, alles wird den alten „Mustern“ gemäß gedeutet, gegen ihn verwendet. Nicht, daß sie ihrem Mann wehtun möchte, nein, aber sie kann nicht anders, zumal sie im Raster der Vergangenheit gefangen ist.

Die in vorausliegenden Lebensetappen angeschlagenen Akkorde sind hängengeblieben und klingen nunmehr zusammen zu einer Lebensmelodie schmerzender Dissonanzen, die nach Auflösung schreien, und sich ihr gleichzeitig entziehen. Damit sind beide, Mann und Frau, hineingebunden in eine Todessituation, in ein Sterben auf Raten. Vor wenigen Tagen hat jener Ehemann mir in einem Gespräch unter Tränen gesagt: „Ich liebe meine Frau. Ich möchte sie heilen, erlösen aus ihrer schmerzlichen Vergangenheit. Aber ich erlebe mich in einer grenzenlosen Ohnmacht. Ich kann nicht an sie heran, ich erreiche sie nicht, weder durch Worte, noch durch Taten, noch durch Zärtlichkeit. Sie stößt mich von sich, unterstellt mir laufend falsche Motive und macht mich verantwortlich für ihre Krankheit. Ich bin völlig hilflos."

Dieser Mann erfährt das „Hineinsterben" seiner geliebten Frau in die Traumata der Vergangenheit und ist dazu verurteilt, tatenlos „daneben zu stehen" – eine Todessituation, wie sie schmerzlicher kaum gedacht werden kann.

Wahrscheinlich gibt es in jedem menschlichen Leben jene Augenblicke, da dem Liebenden nichts mehr bleibt, als die Ohnmacht zu ertragen und die fürchterliche Spannung auszuhalten.

Eines indes ist gewiß, die aufgebrachte Liebe wird früher oder später ankommen und die ersehnte Erlösung mit herbeiführen. Keiner von uns liebt vergebens.

Eine zusätzliche Tragik solcher und ähnlicher „Todessituationen" liegt darin, daß die Umgebung von der Trauerphase keine Kenntnis hat. Somit ist der „Sterbebegleiter" ein anonym Trauernder, der keines der Privilegien, die man in der Regel Trauernden zugesteht, für sich in Anspruch nehmen kann. Ein Sachverhalt, der den leidvollen Weg zusätzlich erschwert, weil er den vom vermeintlichen Scheitern Betroffenen in eine tiefe Einsamkeit geraten läßt.

Was immer in diesem Buch zum Thema Trauer angedeutet oder ausgesagt ist, gilt für alle erdenklichen Todessituationen; insbesondere auch für Schmerz und Trauer, wie sie im Gefolge von Ehescheidungen und ähnlichen Tragödien einhergehen. Jeder Tod einer Beziehung trifft den, der verlassen wird, mitten ins Herz und verwundet ihn zutiefst.

Die Geschichten, die das Leben diesbezüglich schreibt, sind erschütternd. Außenstehende haben in der Regel keine Kenntnis davon, wieviele „Tode" im Prozeß des Hingehens auf eine Trennung oder Scheidung gestorben werden, welche „Gebirge" an Trauerarbeit sich dabei auftürmen!
Wer immer solches durchträgt, ist unterwegs zu einem neuen Menschsein. Denn alle Verwundungen, die uns während des Lebens zugefügt werden, sind geeignet, uns freier, gütiger, reifer zu machen, soferne wir versuchen, die Herausforderung, die in ihnen steckt, auf uns zu nehmen.

Das Geschenk der unerfüllbaren Verheißung

Überhaupt gibt es in der Beziehung zu Menschen, die wir lieben, Erfahrungen, die geeignet sind, uns nachdenklich oder gar bestürzt zu machen.
Da überrascht Sie Ihr(e) Partner(in) mit einer Reaktion, die von ungeahnt zärtlicher Aufmerksamkeit zeugt. Sie sind ob des unerwarteten Verhaltens beglückt, fasziniert. Jetzt wissen Sie es wieder neu, Sie sind einander doch viel näher als Sie dachten!
Nunmehr sind Sie aufs neue motiviert und willens, an Ihrer Partnerschaft zu arbeiten. Die unverhoffte, sensible Umgangsweise beflügelt Ihren Schritt, verklärt Ihren Tag.
Und dann – im Handumdrehen – eine völlig entgegengesetzte Verhaltensweise. Welch ein Kontrast! Das kann doch nicht ein- und derselbe Mensch sein! Wie fremd ist Ihnen mit einem Mal der eben so Vertraute! Es kommt Ihnen vor, als stürzten Sie in einen Abgrund. Ihr Hoffen und Sehnen nach Übereinstimmung hat einen harten Schlag erlitten. Die gerade

noch verspürte Beglückung hat in Enttäuschung umgeschlagen. Aus der aufgehobenen Vereinsamung werden Sie unsanft auf sich selbst zurückgeworfen und erleben Einsamkeit in einer neuen, doppelt schmerzlichen Qualität.
Sie fragen sich betroffen: Was ist geschehen? Können wirklich beide Verhaltensweisen in einem Menschen Platz finden? Ja, das können sie! Auch in jedem von uns.
Früher oder später werden wir alle dasselbe erkennen: Der Mensch ist für den Menschen eine Verheißung, die sich nicht erfüllt!
Eine überaus schmerzliche Erkenntnis, zumal sie für jede wie immer geartete menschliche Beziehung gilt. In dieser Welt gibt es in der menschlichen Begegnung *nie* die volle „Deckungsgleichheit".
Kein Mensch in dieser Welt kann in einem anderen für die Dauer dieses Lebens die restlose Beglückung finden. Immer bleibt ein Rest, der vom geliebten Du nicht aufgehoben werden kann, ein Bereich, wo der einzelne ganz auf sich selbst verwiesen, im Tiefsten vereinsamt zurückbleibt. Es handelt sich dabei sozusagen um die „Weiße Insel" vom „Land" einer Persönlichkeit, auf der eben jeder allein zu leben hat, wohin zu folgen auch der naheste und liebste Mensch nicht in der Lage ist.
Ein verhängnisvoller Trugschluß ist es demnach zu meinen, mit einem anderen Freund oder Partner wäre dem nicht so. Es ist dasselbe, nur die Bereiche verschieben sich. Die Leere verlagert sich sozusagen auf eine andere „Zone".
Diese Erfahrungen wollen uns im Laufe des Lebens bewußt machen, daß das Herz des Menschen in seinem Hoffen und Sehnen weit auslangt. Nie und nimmer kann es in Geschaffenem sein Genügen finden. Selbst

unvollkommen, ist es angelegt auf das Vollkommene. Und nur in diesem kann und wird des Menschen Herz seine letzte, bleibende Sättigung und Erfüllung finden. Darum kann auch kein Mensch für einen anderen der Himmel sein! Nicht einmal die Welt!
Augustinus hat wohl recht, wenn er sagt: „Unruhig ist unser Herz, bis es ruht in dir, o Gott."
Die stets wiederkehrende Erfahrung der unerfüllbaren Verheißung verweist uns gleichsam geschenkhaft auf das vor uns Liegende und hilft uns loszulassen.
Auf diese Weise wird im Wechsel von Sättigung und Leere, Glück und Enttäuschung, Angezogensein und Weggestoßenwerden, die Sehnsucht nach bleibender, restloser Erfüllung, nach letztgültigem Verstandensein wachgehalten; sozusagen ein Aktivposten für uns, die wir zum Bleibenden unterwegs sind.

Mit dem eigenen Tod anfreunden

Mit einer Sache, die unabwendbar auf uns zukommt, beschäftigen wir uns in der Regel gründlich. Vorausdenkend erwägen wir alle Eventualitäten, um dann, wenn es soweit ist, entsprechend reagieren zu können. Ein durchaus sinnvolles Verhalten!
Geradezu entgegengesetzt handeln wir im Hinblick auf unseren Tod. Er, der „todsicher" auf uns zukommt, wird tabuisiert, verdrängt. Wir tun so, als gäbe es ihn gar nicht, zumindest nicht für uns! Es sterben schließlich immer die anderen! So leben wir als Meister der Verdrängung und gebärden uns, als würden wir ewig hier bleiben. Dabei übersehen wir, daß es eine Lebensaufgabe ist, sich mit dem Tod vertraut zu machen. Dazu bedarf es nicht unbedingt eines Totenkopfes auf dem Küchen- oder Schreibtisch!

Indes, wir sollten bald genug mit diesem Vertrautwerden beginnen, noch in gesunden Jahren!
Bei einer so entscheidenden „Sache“ wie dem Sterben, soll nichts dem „Zufall“ überlassen bleiben. Durch natürliches, zwangfreies daran Denken und davon Sprechen kann das Anfreunden nach und nach geschehen. Freilich ist das gar nicht so einfach.
Wenn nämlich jemand seine diesbezüglichen Gedanken zu äußern versucht, wird er häufig von seiner Umgebung „eingebremst“: „Red’ doch nicht vom Sterben, bist noch so jung!“ „Vom Tod sprechen wir besser nicht, der kommt von selbst!“ „Gib dich nicht ab mit Gedanken an das Sterben, beschäftige dich lieber mit dem Leben!“
Wer so spricht, übersieht: Sich mit Sterben und Tod auseinandersetzen, heißt zutiefst mit dem Leben und den ihm zugehörigen Prozessen befaßt sein!
Weil Sterben ein Lebensthema ist, sollten wir uns den Mut nehmen, es öfters zur Sprache zu bringen. Denn, jemanden oder etwas beim Namen zu nennen, bedeutet, mit ihm in eine Vertrautheit einzutreten, wobei das Bedrohliche gebannt oder zumindest entschärft wird.
Nicht selten habe ich es erfahren, wie froh und dankbar Menschen waren, wenn sie die Gelegenheit bekamen, ohne Hemmung und Scheu ihre diesbezüglichen Gedanken, Ängste, Befürchtungen zu äußern. Ich denke, daß gerade die Zeit nach einem schmerzlichen Abschied in besonderer Weise geeignet ist, auch mit dem eigenen Tod in Gedanken umgehen zu lernen. Es geht dabei allerdings weder um eine Todesverliebtheit noch um ein gebanntes Hinstarren auf das Unausbleibliche, vielmehr um ein realistisches Sehen des eigenen Lebens, das nun einmal auf diesen irdischen Endpunkt zusteuert.

Erleichtert wird dieses „Anschauen“, wenn gleichzeitig die mit dem Tod verbundene Auferstehung „geschaut“ wird. Sie wissen ja, der Tod ist nur die eine Seite … Und wie gut, daß wir beim Anfreunden mit Tod und Auferstehung nicht allein gelassen sind!
Was ist demnach naheliegender als zu trachten, mit Jesus Christus, dem Herrn über Leben und Tod, „ins Gespräch“ zu kommen, mit ihm zunehmend vertraut zu werden? Denn, wenn wir uns angstvoll zweifelnd an ihn wenden, wird er seine Rechte auf uns legen und sagen: „Fürchte dich nicht! Ich bin der Erste und der Letzte und der Lebendige. Ich war tot, doch nun lebe ich in alle Ewigkeit, und ich habe die Schlüssel zum Tod und zur Unterwelt.“ (Offb 1, 17f)

Und nach dem Tod? Das Leben!

Für den „Zurückgebliebenen“: nicht aufgeben

Das Leben zu Ende zu leben, ist uns, die wir in dieser Welt „zurückgeblieben“ sind, aufgetragen. Und dies selbst dann, wenn wir im Augenblick keinen Sinn mehr darin finden könnten. Ich bitte Sie alle, die in Gefahr sind, aufzugeben: Tun Sie es nicht! „Aussteigen“ ist nicht möglich! Das „Lebensgewand“, das Sie bei Ihrer „Übersiedlung“ tragen sollen, ist noch nicht zu Ende „gewebt“! Noch steht einiges aus, das bis zu Ihrer „Abreise“ durchlebt, durchlitten, durchliebt werden soll.

Denken Sie nicht, Sie würden durch Suizid dem geliebten Verstorbenen etwa einen Gefallen tun. Denken Sie nicht, Sie könnten sich auf diese Weise problemlos mit ihm vereinigen. Sie können ihm nicht nachfolgen, noch nicht. Sie gehören dort noch nicht hin, wo er jetzt ist! Hineindrängen in die neue Dimension ist nicht möglich! In sie werden wir hineingerufen.

Es ist eine Lebensaufgabe für den „Zurückgebliebenen“, sich für das neue Wiedersehn zu bereiten, in die neue Umarmung hineinzureifen. Durch gewaltsame, verzweifelte Sprünge ist das nicht zu bewerkstelligen! Spielen Sie nicht mit Selbstmordgedanken. Es ist ein gefährliches Spiel! Selbstmord bringt Sie nicht voran, er wirft Sie zurück auf sich selbst. (Ich spreche hier nicht vom Suizid, wie er in Panik oder Verzweiflung als letzter vermeintlicher Ausweg gesehen und vollzogen wird. Dieser ist anders zu bewerten!)

Auch dann, wenn der Mensch, den Sie geliebt haben, durch Suizid aus dem Leben geschieden ist, können

Sie ihm nicht dadurch beistehen, daß Sie dasselbe tun. Hilfreicher für ihn ist es, wenn Sie Ihre Lebensaufgabe weiter zu erfüllen trachten.
Und glauben Sie auch nicht, Sie könnten durch Selbstmord allem ein Ende bereiten, sich einfach auslöschen. Geht nicht! Sie wissen ja: Wer einmal ins Sein getreten ist, kann nicht mehr nicht sein. Der Mensch kann weder durch andere, noch durch sich selbst annuliert, ausradiert, aus dem Sein genommen werden.
Würden wir uns selbst – im Vollbesitz unserer Verantwortung – aus diesem Sein „hinauskatapultieren", wir müßten wohl an derselben Stelle unserer Entwicklung wieder anfangen, wo wir kapituliert hätten. Wir sind eben nicht Herren über Leben und Tod!
Als solche, die ins Leben gerufen wurden, werden wir auch abberufen.
Ich weiß, manche Menschen unserer Tage empfinden das als Einschränkung der Eigenständigkeit, als mangelnde Möglichkeit, in Eigenregie über Leben und Tod entscheiden zu können. Aber genau hierin sind wir eben nicht autark. Ob wir es wahrhaben wollen oder nicht: die wesentlichen Vollzüge *geschehen* uns. Wobei es uns zukommt, sie geschehen zu lassen. Verständlicherweise ist das jenen Menschen eher möglich, die sich in größere Sinn- und Seinzusammenhänge eingebettet wissen. Indes, schon allein solches anzuerkennen, erfordert Demut. Und die ist in der Regel nicht gerade unsere Stärke, obschon sie dem Geschöpf zugehörig ist.
Warum nur tun wir uns so schwer damit? Ich vermute, das ändert sich in dem Augenblick, da ein Mensch zu ahnen beginnt, daß der Schöpfer nicht eine vorgesetzte, kalte, machtausübende Instanz ist, sondern in freier Liebe zugewandte, bergende Nähe.

Sein größter „Wunsch" ist Ihr Glück, das Gelingen Ihres Lebens hier und jetzt und in der neuen Seinsweise. In dem Maß, als jemand davon überzeugt ist, entwickelt sich Demut wie von selbst.
In dieser Haltung sind wir auch eher imstande zu nehmen oder zu lassen, zuzupacken oder auszuhalten, zu handeln oder zu ertragen. Denn es gilt in diesem Leben: zu verändern, was veränderbar ist; zu tragen, was unabänderlich getragen werden muß. Beides im konkreten Leben auseinanderzuhalten und sich der gewonnenen Erkenntnis gemäß – aktiv oder passiv – zu verhalten, bedeutet ein Stück Lebensweisheit.
So gilt auch für die Phase nach einem bitteren, rätselhaften, dunklen Abschied: Nicht aufgeben! Es lohnt sich!

Für den „Vorausgegangenen": auslassen und aussöhnen

Auch für ihn, der uns vorausgegangen ist, der die „Übersiedlung" schon vollzogen hat, stellen sich sehr wohl noch Aufgaben in der neuen Seinsweise. Ich denke, daß es das Unaufgearbeitete, das Liegengebliebene ist, das ihn vorerst einmal beschäftigt wird. Es könnte so ähnlich sein, wie bei einer Übersiedlung in dieser Welt. Spätestens nämlich beim „Siedeln" fallen uns jene Dinge zur Last, deren wir uns schon längst hätten entledigen sollen. Deshalb ist eine Übersiedlung in der Regel der Anlaß, Altes neu zu sichten, um wegzugeben, was weggehört, damit Platz für das Neue entsteht. Übersiedlung ist demnach Trennung von Altem und Öffnung für Neues.
Ob es dem „Übersiedelten" in der Dimension Gottes nicht ähnlich ergeht? Er muß wohl auch eine Art „ordnende Bestandsaufnahme" vornehmen.

Wahrscheinlich werden die meisten von uns zum Zeitpunkt ihrer „Abreise“ in vielerlei Weise verkrallt, verhängt, verheddert sein – in Dinge, Pläne, Begierden, Beziehungen ... Es wird wohl dauern, bis das Gewirr in uns geordnet ist, bis wir imstande sind auszulassen, was ausgelassen werden will, da es sich am neuen „Ort“ als hinderlich und belastend erweist.
Vermutlich ist es anfangs für den Verstorbenen gar nicht so leicht, alle „Fäden“ zu entwirren, um zu sich selbst zu finden und schließlich mit sich selbst ins Reine zu kommen. Dieses Ordnen, Leerwerden, Auslassen ist wohl ein Aspekt dessen, was wir mit „Fegefeuer“ meinen – eigentlich ein sehr einleuchtender.
Aber da ist noch ein anderer, nicht weniger bedeutsamer Aspekt: das Aussöhnen.
Es ist eine Aufgabe, die sich hier und jetzt alltäglich stellt, die zu bewältigen uns jedoch große Probleme macht. Im Lauf des Lebens verletzen wir einander ständig. Jeder ist dabei meist Opfer und Täter zugleich. Die dadurch entstehenden Verwundungen schleppen wir mit uns herum, zumal wir es oft – auch bei gutem Willen – nicht schaffen, uns miteinander auszusöhnen. Manche der erlittenen und zugefügten Verletzungen sitzen so tief, daß wir sie wohl mit „hinüber“-nehmen. Wir werden sie dann „drüben“ zu „bearbeiten“ haben. Ein Gedanke, der einem schrecken könnte!
Aber vielleicht ist Aussöhnen in der neuen Seinsweise gar nicht mehr so schwierig, sind wir doch eingetaucht in die Dimension Gottes, vom Licht seiner Liebe durchflutet. In diesem Licht gelangen wir zu einer neuen Klarheit im Erkennen von uns selbst und den anderen.
All das, was bislang in uns dunkel war, im Unter- oder Unbewußten beheimatet, wird nunmehr ans heilen-

de Licht gebracht, und wir werden uns endlich kein Rätsel mehr sein. Auch alle jene, die wir aus Unkenntnis mißdeutet und verletzt haben, erkennen wir mit einem Mal im Lichte Gottes. Dadurch wird das große Aussöhnen eingeleitet und möglich gemacht.
Erstmals wird uns so volle Ein-sicht in innere Zusammenhänge zuteil. Wir werden erkennen, warum jener Mensch eben so dachte und handelte, wir werden verstehen, daß er vielleicht aufgrund seines Gewordenseins nicht anders konnte – kurz: wir werden erkennen und verstehen!
Fähig geworden, bislang verborgene Zusammenhänge zu durchschauen, werden wir auch imstande sein, in neuer, bisher ungeahnter Weise und Totalität jene zu lieben, die uns nie liebenswert erschienen.
Und weil in der neuen Seinsweise einzig das menschgewordene Wort Gottes den Ton angibt, brauchen wir keine Worte mehr und können uns auch im Ton nicht mehr vergreifen.
Im Wohlklang der göttlichen Liebessymphonie werden unsere Mißklänge und Dissonanzen aufgelöst. Freilich nicht automatisch! Unser Mittun, Mitschwingen, Mitklingen ist dabei eingefordert.
Während ich so nachdenke, wie es Mutter mit auslassen und aussöhnen jetzt wohl ergehen wird, kommt mir ein Traum in den Sinn, der für mich nach Vaters Tod erhellend und tröstlich war:
Ich schritt durch eine große, freundliche Halle auf der Suche nach Vater. Da gelangte ich durch eine der Türen in einen Raum mit mehreren Badewannen. Und siehe da, in einer davon lag Vater, mit bräunlichem Wasser so bedeckt, daß gerade noch der Kopf heraussah. Er wirkte entspannt und zufrieden. Da erblickte er mich und lächelte verschmitzt, wie nur er es konnte. „Papa“, rief ich aufgeregt, „wo bist du

denn?“ Er antwortete, als wäre es die selbstverständlichste Sache der Welt: „Du siehst doch, auf Kur!“ Dieser Traum hatte mich damals sehr beruhigt.
Wahrscheinlich war nunmehr Mutter auf „Kur“. Ob Vater in ihrer Nähe war? Vielleicht war mein An-sie-Denken so etwas wie ein Besuch in der „Kuranstalt“? Tatsächlich hat jeder Kuraufenthalt in diesem Leben ein Ziel: Rehabilitation des Patienten. Durch diverse Anwendungen wie Bäder, Güsse, Massagen soll die volle Gesundheit erreicht und damit neue Lebensfreude gewonnen werden.
Und eben darin liegt die Deutung des Traumes. Auch in der Dimension Gottes wird der Mensch offensichtlich zunächst einem Gesundungsprozeß übergeben, der für auslassen und aussöhnen die nötigen Voraussetzungen schafft. Dieser Prozeß hat als letztes Ziel die gesamtmenschliche Heilung, das volle Heil, denn damit ist auch die Erlangung der vollen „Himmelstauglichkeit“ erreicht. Gleichsam, um die Erbringung dieses unverzichtbaren „Limits“ möglich zu machen, wird dem zunehmend Genesenden unaufhörlich Gottes „Heilwasser“, d. i. der Strom der Liebe Gottes, zugeleitet. Von ihm gereinigt, umspült und durchflutet, kann das große Loslassen und Aussöhnen vollbracht werden.

Für den „Angekommenen“: ein himmlisches Miteinander

Wahrscheinlich fragen Sie sich jetzt: Wie soll denn ein himmlisches Miteinander aussehen? Wie sich gestalten? Und wie nur sollte ein Mensch in dieser Welt darüber Bescheid wissen?
Ich möchte versuchen, es wenigstens anzudeuten, zu-

mal es im Hier und Jetzt Erfahrungen gibt, in denen für einen kurzen Augenblick das aufleuchten kann, worauf wir zugehen. Freilich, es zur Sprache zu bringen, dürfte nicht einfach sein, denn je kostbarer etwas ist, desto schwerer fällt die Verbalisierung. Da zeigt sich die Sprache wieder einmal „als Quelle aller Mißverständnisse"!

Lassen Sie es mich dennoch versuchen:

Vielleicht ist irgendwann etwas in Ihnen aufgebrochen, ein Sehnen, das tiefer hinabreicht als das Habenwollen, ein Sehnen nach Ankommen-Können, Bleiben-Dürfen, AufgehobenSein. Im Grunde ist es nichts anderes,als eine unbändige Sehnsucht nach einem letzten Lieben und Geliebtwerden, nach Gott. Es ist wie ein unbeschreibliches Heimweh, das alle Fasern Ihres Wesens durchweht.

Und dann fügt es sich, daß Sie jemanden treffen und in diesem Miteinander wird Ihnen etwas zuteil, das überaus beglückend ist. In wenigen Andeutungen finden Sie sich mit Ihrem Gegenüber eins im Denken, Fühlen, Sehnen. Es bedarf nicht mehr vieler Worte. Sie erleben in diesem Beisammensein eine Einheit und Übereinstimmung, die Sie etwas von einer letzten Harmonie erahnen läßt, die dem vollendeten Menschen in der Gemeinschaft miteinander und mit Gott geschenkt ist.

Wesentlich daran ist eine neue Qualität der Kommunikation, als sie sonst unter uns rivalisierenden, prestigeheischenden Menschen üblich ist. Das Denken und Fühlen bündelt sich sozusagen und übersteigt mit einem Mal den kleinen engen Bereich des eigenen Seins bei weitem.

Es ist, als wäre zum Flämmehen der eigenen Sehnsucht ein zweites hinzugekommen, und als hätte der Gottesgeist das Öl seiner Liebe dazugegossen. Auf einmal befinden sich beide zusammen im lodernden Feuer der Gottessehnsucht, entflammt aneinander und miteinander. Zielpunkt dabei ist nicht mehr das menschliche Gegenüber, dieses wirkt als Verstärker, als lebendiges Echo.

Die beiden Menschen sind eins geworden aus der tiefsten Seele heraus. Es ist ein Einssein, das keiner körperlichen Berührung bedarf, weil die Communio in der Tiefe des Seins geschieht, in jener Tiefe, wo der Mensch von Gott bewohnt ist. Aus dieser Tiefenschicht stammt die Sehnsucht, die zum Liebesaustausch drängt, bei dem Gott Mitte und Ziel ist.

Aus dem zunächst sprachlich Angedeuteten ist wortloses Einverständnis geworden, eine Übereinstimmung, die „nicht von dieser Welt" ist.

Für eine kleine Weile ist die Vereinsamung, die wir im Zusammensein mit uns Umgebenden oft schmerzlich erfahren, aufgehoben: Für eine kleine Weile sind die Schatten gefallen, die Schleier zerrissen, und Gott ist alles in allem.

Das menschliche Miteinander ist eingetaucht in die erfüllende, umhüllende Wirk-lichkeit, die Gott selber ist. Eine Himmelserfahrung! Sie läßt uns ahnen, wie „himmlisches Miteinander" geartet ist: Eine neue Weise innigen Verbundenseins, dem jedwedes Begehren fremd ist, zumal nicht mehr das *Haben* Ziel ist, sondern das *Sein*.

Dieser Gott, der seinem dreifaltigen Wesen gemäß schenkendes Sein ist, leuchtet in solch einer Begegnung auf als der allein und letztlich Beglückende und Erfüllende. Und in der Begegnung mit ihm finden wir auch sie alle wieder, die der Tod unserer Umarmung entzogen hat.

Eine derartige Erfahrung ist wie ein Lichteinfall in der Dunkelheit – nicht planbar, nicht machbar, auch nicht festzuhalten; in dieser Seinsweise – wie alles, die Liebe ausgenommen, dem Vorübergang preisgegeben; ein unverfügbares Geschenk, mit dem Gott uns für Momente liebe-voll in ihm und miteinander einssein läßt; ein Vorgeschmack auf das Kommende; eine „Kostprobe" vom „himmlischen Miteinander", auf das wir zugehen.

„Kein Auge hat es gesehen ..."

Der Himmel ist ein Zustand, so hatte man mir als Kind erklärt. Ich wußte nicht recht, wie ich mit dem Umstand, daß Himmel ein Zustand sei, in meinen Gedanken umgehen sollte. Im Grunde beschäftigte mich die Sache sehr und bereitete mir gleichzeitig Unbehagen. Großmutter hatte nämlich gesagt, dieser „Zustand" dauere ewig! Das machte mir angst, zumal sie meine Frage, was ich wohl die gesamte „Himmelsdauer" *tun* würde, nicht beantworten konnte. Ich sah die „himmlische Langeweile" auf mich zukommen.
Gleichzeitig spürte ich, daß hinter dem Ganzen wohl mehr verborgen sein mußte, als Menschen mir zu erklären vermochten.
Schließlich waren es die Abschiedsreden Jesu (Joh 14ff), die mein Denken über unsere himmlische Zukunft maßgeblich beeinflußten.
Sie zeichnen uns einen Abschied, dramatisch und berührend, wie alle Abschiede im Schatten des Todes. Doch da hat einer die Freiheit, denen, die er zurückläßt, klärende, tröstende Zusagen zu schenken. Dieser Abschied geht nicht in ein unsicheres Morgen, nicht in eine nebulose Zukunft, nicht in einen undefinierbaren „Zustand" hinein. Konkret und griffig sagt Jesus: „Seid nicht verzagt! Laßt euch nicht verwirren!

Haltet euch fest an Gott (= glauben) und an mich. Im Hause meines Vaters sind viele Wohnungen. Ich gehe hin, euch einen Platz zu bereiten ... Ich werde euch zu mir holen, damit auch ihr dort seid, wo ich bin." (Vgl. Joh 14, 1–4)

Er, der da in den Abschied geht, weiß sehr wohl, was Wohnung für uns bedeutet: Einen sicheren Ort sein eigen nennen, wo man sich wohlfühlt; eine Stätte der Geborgenheit besitzen, wo man bleiben darf; ein Da-Heim haben, wo man „geerdet" ist. Wir alle wissen, daß dies für die physische und psychische Gesundheit des Menschen von höchster Bedeutung ist.

Jesus weiß das auch und setzt uns anläßlich seines Abschieds davon in Kenntnis, daß eben dieses Grundbedürfnis bei ihm Erfüllung finden wird. Zudem fügt er hinzu, daß der Abschied nur „eine kleine Weile" währen wird, um sehr bald schon in Wiedersehen einzunünden.

Und das gilt auch für uns, die wir augenblicklich von einem schmerzlichen Abschied betroffen sind: „Jetzt seid ihr bekümmert, aber ich werde euch wiedersehen; dann wird euer Herz sich freuen, und niemand nimmt euch diese Freude." (Joh 16, 22)

Eines ist dieses Daheim-sein-Dürfen indes sicher nicht: „Festsitzen in Langeweile!"

Himmel ist Leben in höchster Dynamik, ist *dichtes, erfülltes Jetzt;* am ehesten vergleichbar mit einer sich fortsetzenden „Entdeckungsreise", die mit den jetzigen Möglichkeiten nicht ausdenkbar ist. Verweilen-Dürfen und „Reisen-Können" fallen dabei in eins zusammen.

Die „Entdeckungsreise", auf die der dreifaltige Gott uns mitnehmen will, ist ein Eindringen-Dürfen in immer neue faszinierende Zusammenhänge und Dimensionen. Und wir werden glücklich sein, endlich glücklich sein! Zumal wir dann erkennen, verstehen und annehmen können. Alles: Uns selbst und unser Leben; die Art und das Verhalten unserer Mitmenschen; die überwältigenden Geheimnisse des Universums; und endlich die unendliche, unauslotbare Liebe dessen, der alles ins Sein gerufen und uns immer schon getragen und geführt hat. In einer fortschreitenden Ekstase der Liebe werden wir in Bewegung sein, berauscht von der Überraschung, die Gott selbst für uns sein wird.

Er, der ganz Andere, dessen Gedanken nicht die unseren sind, hat eben ganz andere Verwirklichungsmöglichkeiten für seine Geschöpfe, als diese auszudenken imstande sind.

Indes kann schon jetzt in der Begegnung mit dem lebendigen Gott für Augenblicke ein Ahnen von der künftigen Beglückung aufdämmern, die Paulus umschreibend andeutet:

„Kein Auge hat es gesehen, kein Ohr hat es gehört und in keines Menschenherz ist es gedrungen was Gott denen bereitet hat, die ihn lieben.“ (1 Kor 2, 9)

Und Gott wird abwischen – auch Ihre Tränen!

Bisweilen hat man vielleicht zu Ihnen gesagt: „Weine nicht!“ Oder anders formuliert: „Sei nicht traurig!“ „Trockne deine Tränen!“ „Genug geweint!“ Gewiß, es war ein gutgemeinter Apell.

Indes, wie könnte jemand beurteilen, wann einer genug getrauert, genug geweint hat?

Und wer sollte nicht trauern in dieser Welt, in der es so unsagbar viel zu beweinen gibt – in der kleinen eigenen Welt ebenso wie in der großen?

Wäre es angesichts dessen nicht hilfreicher, einander

das Trauern und Weinen zu erlauben und ihm einen geeigneten Rahmen zu geben? Wäre es nicht angebrachter, dem Trauernden zu sagen: „Komm, laß dich in die Arme nehmen und weine, weine, solange du es brauchst.“

Dieses Im-Weinen-festgehalten-Werden wäre ein Stück späte Festhalte-Therapie. Wir sollen sie bei Kindern des öfteren anwenden, zumal ein im Schmerz gehaltenes Kind eher tauglich sein wird, mit den leidvollen Seiten des Lebens umzugehen.

Bedauernswert ist nur, daß uns „Großen“ derMut und die Demut fehlen, diese Form des gehaltenen Weinens anzubieten, beziehungsweise anzunehmen.

Es ist verhängnisvoll zu meinen, ein Erwachsener müßte mit seinem Schmerz allein zurechtkommen, wobei das Weinen sich erübrige, da es nichts bringe. Stimmt nicht! Weinen und Lachen sind zutiefst menschliche Fähigkeiten, die – werden sie zugelassen – seelische Gesundheit verraten und erhalten helfen. Ein Mensch, der nicht mehr lachen und weinen kann, läuft Gefahr, in sich steckenzubleiben, zu erstarren, an sich selbst zu ersticken.

Herzliches Lachen wirkt wie eine wohltuende Massage, es schüttelt Leib und Seele durch und läßt die Energie sich neu sammeln.

Herzzerbrechendes Weinen reinigt Leib und Seele, zumal es ausschwemmende, krampflösende Wirkung in sich birgt. Überdies: Weinen hat nichts zu tun mit einem Mangel an Tapferkeit oder Männlichkeit!

Im Lachen wie im Weinen liegt die Chance zu neuem Aufbruch. So mag dennach auch keiner für einen anderen das Trauern oder Weinen für beendet erklären. Die Berechtigung dazu hat nur einer: Jesus Christus. Er sagt zur Witwe, die den Leichnam ihres einzigen Sohnes zu Grabe trägt: „Weine nicht!“ (Vgl. Lk 7,

11–17) Jesus kann und darf so sagen, zumal er auch die Ursache des Weinens zu beseitigen imstande ist. Sein „Weine nicht" ist nicht billiger Appell an die Trauernde, sondern machtvolle Zusage eines neuen, beseeligenden Lebens im Beisammensein mit dem geliebten Verstorbenen. Als augenfälliges Zeichen dafür gibt er der Mutter das verlorengeglaubte Kind zurück. Alle drei im Neuen Testament berichteten Totenerweckungen (Lk 7, 11–17; Lk 8, 40–56; Joh 11, 17–44) zeigen uns Jesus als Lebendigmacher mitten im Todesgeschehen, als Lebensstifter mitten im Absterben. Dessen ungeachtet bleibt Jesus in seinem Erdenleben ein von der Tragik des Todes zutiefst Betroffener und gleichermaßen ein vom Schmerz der Hinterbliebenen Berührter. Er, der sich nicht scheute, am Grab seines Freundes Lazarus den Tränen freien Lauf zu lassen, stellt sich damit in die Reihe all derer, die an den Gräbern ihrer Lieben weinen. In diesem Mit-uns-Weinen zeigt sich Jesus als einer, dem Tod und Trauer zu Herzen gehen. Gleichzeitig jedoch offenbart er sich als der, der den Tod und alles mit ihm zusammenhängende letztgültig besiegen wird.
Von Jesus her fällt Licht in die Todesthematik. Es ist geeignet, die vermeintliche „Sackgasse" so auszuleuchten, daß wir sie als Tunnel erkennen.
Das Geschehen um Tod und Trauer ist durch Jesu *auferweckendes Handeln* aufgebrochen auf Zukunft hin. Selbst vom Tod betroffen und getroffen zeigt er uns, daß der Tod und alles in seinem Gefolge dem Vorübergang zugezählt werden darf.
„Was aus Schmerzen kam, war Vorübergang. Und mein Ohr vernahm nichts als Lobgesang." (W. Bergengruen)
Das ist Ausblick auf das Kommende. Die jubelnde Freude über das Künftige klingt im Gegenwärtigen

schon an. Das ist auch die Botschaft, die sich im Buchtitel verbirgt.
Jesus konnte die Trauernden selig preisen, wußte er doch, daß in jedem Schmerz schon der Keim zukünftigen Glücks verborgen liegt. Es wird anbrechen – auch für Sie – wenn der Herr zu Ihnen sagen wird: „Weine nicht!" Denn so ist uns versprochen:" Gott wir alle Tränen von ihren Augen abwischen. Der Tod wird nicht mehr sein, keine Trauer, keine Klage, keine Mühsal. Denn was früher war, ist vergangen." (Offb 21, 4)
Für Sie alle, liebe Leser, erbitte ich, daß diese Zukunftsvision ihre lebensspendende, hoffnungsstiftende Kraft entfalte, damit Sie nicht nur Trauer tragen, sondern in Trauer getragen sind.
Der gekreuzigte Auferstandene, Garant und Bürge dafür, daß sich unser Glaube in Schauen und unser Hoffen in Besitzen wandeln wird, möge Ihr wundes Herz anrühren, damit Starre und Kälte sich lösen und Ihnen wieder warm wird ums Herz .
Er möge Sie – für diese kurze Erdenzeit – nochmals zum Leben erwecken, nachdem Sie mitgestorben waren, und Ihnen Mut und Kraft schenken für den nächsten Schritt.
So bleiben wir denn miteinander unterwegs zum „neuen Himmel" und zur „neuen Erde", Sie und ich –

Ihre
Monika Nemetschek

Zeugnisse persönlicher Trauerarbeit

Warum diese Preisgabe?

Ich habe mich gefragt, ob ich Ihnen die folgenden doch sehr persönlichen Niederschriften zugänglich machen soll. Nach längerem Überlegen entschloß ich mich dazu, weil sich ein Stück intensiver Trauerarbeit von Mutter und mir in ihnen widerspiegelt.
Es war *vorbereitende* Trauerarbeit seitens meiner Mutter. Wohl eine Besonderheit, zumal solch eine Auseinandersetzung eher selten geleistet werden dürfte. Sie schlägt sich nieder in mehreren Gedichten – zwei davon finden Sie auf den folgenden Seiten – und verdichtet sich sozusagen im Abschiedsbrief an mich.
Mutter hatte in den letzten Lebensjahren intensiv und auf vielerlei Weise versucht, sich mit dem herannahenden Sterben vertraut zu machen. Ihre diesbezüglichen Andeutungen wollte ich anfangs nicht wahrhaben. Schließlich haben sie auch mich zu einer gedanklichen Vorwegnahme des Kommenden veranlaßt und mich dazu gedrängt, auch im Gespräch mit Mutter zunehmend offener und natürlicher dem Ausdruck zu verleihen, was als Druck ständig auf uns lastete.
Die folgenden Seiten enthalten aber auch Notizen meiner *nachbereitenden* Trauerarbeit, die in den Briefen an meine Mutter ihren Niederschlag finden.
Vielleicht kann diese unsere Weise des Umgehens mit Sterben und Abschiedsschmerz für Sie Anregung oder Hilfe sein.
Wäre es so, hätte sich die Preisgabe dieser so persönlichen Trauerarbeit reichlich gelohnt.

Abschiedsahnen

Noch einmal sind die Schwalben gekommen,
und haben ihr Nest in Besitz genommen,
Noch jagen sie lustig den Mücken nach –
am Feld, im Wald, überm Wasser am Bach.
Wie lang noch, wie lange?

Ein Schmetterling gaukelt an mir vorbei,
ist trunken vor Wonne, es ist ja Mai!
Die Bäume stehen in schönster Blüte –
und doch wird mir so weh im Gemüte.
Wie lang noch, wie lange?

Auf den Wiesen die Blumen, weiß, rot und blau,
sie glänzen gleich Perlen im Morgentau.
Ein Summen und Brummen ist in der Luft –
es riecht nach Erde und Blütenduft.
Wie lang noch, wie lange?

Noch singen die Vögel ihr Morgenlied,
noch ist kein Ort, wo es nicht blüht.
Die Welt zeigt sich im Festtagskleid –
s' ist Frühling – o herrliche Zeit!
Wie lang noch, wie lange?

Marianna Nemetschek

Herbstgedanken

Stille liegt über dem Land!
Fort sind sie alle, die lärmten und lachten,
die Sonnentage bei uns verbrachten.
Sie zogen mit den Schwalben fort.
Wo sind sie jetzt, an welchem Ort?

Wehmut liegt über dem Land!
Die Sonnenblume neigt ihr Haupt,
bald ist der Kirschenbaum entlaubt.
Der See – so ernst und so verträumt –
kein Boot durch seine Wellen schäumt.

Frieden liegt über dem Land!
Der Bauer füllt die Scheunen an,
bald ist das Tagewerk getan.
Beeile dich, der Herbstwind kommt,
da bleibt kein Halm, kein Gras verschont!

Hoffnung liegt über dem Land!
Hast du gelebt, wie Gott es will –
dann halt in Gottes Namen still –
warte, bis er zur Ernte kommt –
du weißt, daß er die Treue lohnt!

Marianna Nemetschek

Abschiedsbrief meiner Mutter an mich

Geliebtes – ich war ja so gern noch geblieben, aber ... und dabei waren die Tage mit Dir so schön!
Ich war unendlich glücklich, daß ich Deine Mutter sein durfte! Deine Liebe, Deine Fürsorge um mich, haben mir das Leben schön und leicht gemacht.
Du warst das schönste und kostbarste Geschenk in meinem Leben, und ich werde Gott eine Ewigkeit lang dafür danken.
Gott segne Dich mein geliebtes, tausendmal geliebtes Kind!
Wenn ich auch nicht mehr bei Dir bin, werde ich doch immer ganz nahe um dich sein, bis ich Dich mit Jesus an der Pforte zur ewigen Seligkeit empfangen und in meine Arme schließen kann. Für eine Ewigkeit lang! Wird das schön werden!

Darauf freut sich unsagbar
Deine
Dich unendlich liebende Mutter

Mein Antwortbrief

Du, meine geliebte Mutter!
Vor mir liegen – von Deiner schönen Handschrift gezeichnet – die Zeilen des Abschiedsbriefes, den Du, vier Wochen vor dem Herzinfarkt verfaßt und für mich hinterlegt hast . Ich fand ihn in jenem Schrank, wo Du alle wichtigen Papiere – in Deiner Sorgfalt wohlgeordnet – zusammengelegt hast.
„Für mein geliebtes Kind!"
Wieder und wieder lese ich Deine Zeilen, spüre die Liebe, die aus ihnen spricht und kann mich der Tränen nicht erwehren. Ja, wird das schön werden, wenn Du mich mit Jesus an der Pforte zur ewigen Seligkeit empfangen und in Deine Arme schließen wirst!
Mutter, ich danke Dir für diesen Brief. Er ist eine große Kostbarkeit für mich, ein ungewöhnliches Zeichen Deiner Liebe und Deines von tiefer Hoffnung getragenen Glaubens.
Mutter, dieser Dein Glaube ist auch der meine. Und wir haben damit nicht auf Sand gebaut, denn „was Gott verheißt, das kann er auch tun!" (Rom, 4, 21)
Welche Zukunftsaussicht in der vermeintlichen Aussichtslosigkeit unserer Tage!
Gott sei Dank dafür!

Briefe aus der Trauer

Im Fallen der Flocken suche ich Dich!

Mama, heute ist genau das Wetter, das Du so gerne mochtest. Es schneit und schneit und schneit. Langsam versinkt die Welt um mich herum im Schnee. Das wäre ein Tag für Dich gewesen! Und ich hätte bei Dir bleiben können, ja bleiben, endlich bleiben! Und wir hätten mitsammen in die fallenden Flocken geschaut, um miteinander des Friedens um und in uns gewahr zu werden.

Wir hätten, hätten... Seit Du fortgegangen bist, schmerzt mich der Schneefall. Wie sehr hast Du ihn doch herbeigewünscht in den letzten Wochen vor Deiner „Abreise"! Jetzt ist er da und macht mich weinen, weinen, weinen...

Hinter dem Schleier meiner Tränen und der fallenden Flocken suche ich Dein Gesicht. Immerfort suche ich Dich! Wo bist Du? (Dumme Frage! Ich weiß!) Wie geht es Dir? Wenn ich Dich doch wenigstens im Traum sehen könnte! Indes, ich träume nicht von Dir. Bisweilen schon, aber da setzt sich nur das Sorgen, Ängstigen und Bangen der letzten Jahre fort. So träume ich etwa: ich bringe dich ins Krankenhaus, ich suche dich auf der Intensivstation, ich eile die Gänge im Krankenhaus entlang, warte auf Ärzte, ...

Die Schatten der Vergangenheit holen mich auch in den Träumen ein, sie lassen sich nicht abschütteln. Und ich warte auf einen lösenden, erlösenden Traum von Dir.

Komm, komm wenigstens im Traum zu mir und laß mich spüren, wie es Dir geht! Ich liebe Dich!

Bist Du im Licht?

Liebes! Heute ist Heiliger Abend. Der erste Heilige Abend ohne Dich nach 60 Jahren.

Ich habe heuer keinen Christbaum. Die Krippe habe ich aufgestellt und die Wohnung wie bei uns üblich geschmückt. Es ist mir sehr schwergefallen, dies zu tun. Ich habe mich dazu überwinden müssen. Die Lichtgirlande aufzuhängen war ich nicht imstande. Du hattest solche Freude damit im Vorjahr. Es war eine schlimme Zeit – aber Du warst noch da. Ich konnte Dir noch kleine Freuden machen, Dich mit Zeichen meiner Liebe beschenken. Heute erlebe ich Dein Fernsein so schmerzlich, als wärest Du eben „fortgegangen".

Ich stelle Dein Bild zur Krippe und zünde Lichter an. Und das ist es, was ich an diesem Weihnachtsfest wünsche, hoffe, ersehne, daß Du im Licht bist. Daß Du mit ihm, der als Licht in unsere Finsternis gekommen ist, Weihnacht feierst. Ohne Weh, ohne Sorgen, ohne Angst – einfach glücklich, weil nunmehr auch die letzte Finsternis durchlichtet ist; weil Du endlich angenommen und angekommen bist in der alles umhüllenden, alles erfüllenden Liebe Gottes.

Mag Gottes bergende Nähe und seine Zärtlichkeit das Weihnachtsgeschenk für Dich sein, ich erbitte es von ganzem Herzen.

Du fehlst mir so sehr!

Geliebtes!
Dein Platz am Tisch ist leer …
Dein Scherzen und Klagen ist verstummt.
Die Klänge, die Du dem Klavier entlocktest, sie sind verklungen, verhallt für immer!
Geliebtes, weißt Du es eigentlich, wie sehr ich Dich geliebt habe?
Ich habe in Dir nicht allein die Mutter verloren. Du warst auch der Lebenspartner und zuletzt mein Kind, mein armes, behindertes Kind.
Drei ganz verschiedene Beziehungen,
dem Wesen nach nicht miteinander vergleichbar,
auch nicht im Hinblick auf den Abschiedsschmerz.
Wer am meisten fehlt –
Mutter, Partner, Kind? Ich kann es nicht sagen.
Du, Du fehlst mir, Du fehlst mir so sehr!
Du hast eine große Leere hinterlassen.
Indes ich weiß, daß sie sich zur Fülle wandeln wird, zumal Gott ein Gott des Lebens und der Lebenden ist; ein Gott der Liebe und der Liebenden; als solcher trennt er nicht, er verbindet viel mehr, führt zusammen, wandelt den endlichen Abschied in das endgültige Wiedersehen, schenkt die bleibende Umarmung, der Trennungsschmerz fremd ist.
„Nur eine kleine Weile …, ihr werdet bekümmert sein, aber euer Kummer wird sich in Freude verwandeln." (Vgl. Joh 16, 16–21)

Das Fest steht noch aus

Mama, heute hast Du Geburtstag,
Deinen achtzigsten.
Ich wollte ihn groß feiern mit Dir
und einigen lieben Freunden.
Es sollte ein Fest werden …

Das wird ein Fest sein,
wenn Gott uns heimführt.
Ja, ich glaube daran!
Aber das Fest kann erst stattfinden,
wenn wir alle wieder zusammen sind.
Dann, wenn wir einander umarmen und tanzen,
lachen und fröhlich sind,
weil für immer in der Liebe Gottes beheimatet.
Das wird ein Fest sein,
wenn Gott uns alle zusammen heimführt.

Bis dahin indes ist das Fest noch ausständig,
es kann noch nicht stattfinden,
zu viel Trennendes ist noch zwischen uns.
Wir werden wohl noch zuwarten müssen,
bis zum Fest.

Gott, der du ein Gott der Menschen bist,
feiere du einstweilen mit ihr, die ich liebe,
umarme du sie, weil ich es nicht kann.
In deiner Umarmung findet sie auch die meine –
auch wenn meine Arme dabei leer bleiben.
Gott, laß mich das Warten auf das Fest mit Liebe füllen, ich möchte bereit sein, wenn du uns heimführst,
alle zusammen.

Ich hatte gehofft, Dich zu finden …

Geliebtes!
Heute war ich beim alten verlassenen Bauernhof auf dem Guggenberg. Ein traumschöner Wintertag. Hineingezeichnet in den tiefblauen Himmel all die Gipfel, die das Gailtal gegen Süden hin säumen. Ich saß dort an die Hauswand gelehnt, vom kalten Nordwind geschützt und – suchte Dich.
Weißt Du noch, wie oft und gerne wir zusammen diesen wunderschönen Platz aufgesucht haben? Der ungehinderte Blick in die Weite, ein Ausblick, der seinesgleichen sucht, hat uns dort oben immer wieder fasziniert.
Vor zwei Jahren waren wir das letzte Mal dort. Ich bin ganz nahe hinzugefahren, damit Du nur mehr wenige Schritte gehen mußtest. Dann habe ich Dich in Decken eingehüllt und in den Liegestuhl gebettet. Vor zwei Jahren – was ist seither alles geschehen!
Ich habe gehofft, Dich hier zu finden an diesem unbeschreiblich schönen Ort, wo Himmel und Erde, Glück und Weh ineinander zu verschmelzen scheinen und nichts von der lauten Welt bleibt, als ein tiefer Friede. Bist Du in diesem Frieden?
Ein Hauch der „ewigen Ruhe“ hat mich angeweht und ein großes Heimweh ist über mich gekommen. Ich weiß es wieder neu, alles in dieser Welt ist nur Bild, Zeichen, Vorgeschmack für das, worauf wir zugehen. Wie herrlich, faszinierend, erfüllend und beglückend wird unsere Zukunft in Gott sein!
Bist du schon ganz daheim in ihm? Wie sehr erhoffe ich es!

Ein glückliches Allerheiligenfest!

Liebes, heute ist Allerheiligen. Das erste Mal ohne Dich. Ich habe das Grab schön richten lassen, ich denke, es wird Dir gefallen. Es ist geschmackvoll; und guten Geschmack hattest Du ja stets bewiesen.
Eben komme ich vom Friedhof. Bin ich froh, daß ich Dir schon während Deines Erdenlebens häufig Blumen und kleine Aufmerksamkeiten gebracht habe!
Die Menschenmenge, die sich heute durch den Friedhof wälzte, hat mich bekümmert gemacht. Ob wir uns nicht verlieren in der Sorge um eine angemessene Grabstätte, ob wir uns nicht in einen Totenkult versteigen, anstatt die „Abgereisten" an ihrem Ziel zu suchen?
Im Glauben durchstoße ich die Trennwand zwischen hier und dort, jetzt und dann, und sage Dir:
Mutter, ich wünsche Dir einen glücklichen *Allerheiligentag*. Mag die schattenlose Freude das Lebenselement sein, in dem Du dich bewegst!
Mag er, an den ich glaube und den Du nunmehr schauen darfst, uns mit dem Band seiner Liebe verbinden, jetzt verborgen, einmal indes offenbar und für immer gültig.

Vor einem Jahr bist Du „fortgegangen“ …

Geliebte Mama!
Heute ist der Jahrestag Deiner „Abreise“, Deiner „Heimreise“. Vorausgegangen waren so schlimme letzte Tage und Nächte. Es war ein schrecklicher Kampf um jeden Atemzug. Seit damals weiß ich, was es heißt: in den letzten Zügen liegen … Es war für mich, als stürbe ich mit. Mein Atem war aus dem Rhythmus geraten, ebenso mein Herzschlag.
Nunmehr liegt das alles ein Jahr zurück. Ein Jahr! Was ist das schon! Die Zeit zählt nicht in der Liebe! Alles steht so wach vor meiner Seele. Ich getraue es mich kaum jemandem zu sagen: ich bin noch immer wund und kraftlos. Es ist, als wäre mit Deinem Weggang meine Lebenskraft ausgeronnen.
Insgeheim befasse ich mich immer noch mit einer Neuorientierung. Ich versuche, an schönen Tagen die Luft, die Sonne, die Landschaft zu genießen. Nur allmählich lerne ich es, mir etwas Gutes zu tun. Wir beide waren so sehr mitsammen verbunden, daß ich stets nur *wir* dachte, eigentlich nie *ich*. Schmerzlich erfahre ich es, wenn mich etwas beglückt, zumal Du nicht teilhaben kannst. Oder nimmst Du Anteil? Bisweilen scheint es mir, als wärest Du sehr weit weg oder sehr beschäftigt.
Die Umorientierung, die durch die „Übersiedlung“ in die neue Seinsweise nötig wird, gestaltet sich wohl überaus fordernd. Wir sind nicht eingedacht, zu wenig eingestellt auf das ganz Neue, ganz Andere. Es dauert wohl, bis diese Übersiedlung zur Gänze vollzogen ist, bis wir vollends daheim sind in der gottgewirkten Wirklichkeit.
Mag der Gott der Liebe, der dreifaltige Gott, Dir Heimat und Beglückung sein! Magst Du in der Lebens-

und Liebesgemeinschaft Gottes zur wahren Lebenslust kommen. Denn, Lust am Leben, Lust am Sein, das ist es, was wir meinen mit „ewiger Seligkeit“.

Gott, der du die letztgültige Erfüllung all unserer Sehnsucht bist, schenke heute meiner geliebten Mutter eine „Geburtstags-Überraschung“! Ist doch der Sterbetag in dieser Welt der Geburtstag für das neue Leben bei dir.

Herr, bereite du für sie ein Geburtstagsfest, ein himmlisches, göttliches! Laß sie schauen, besitzen, lieben und geliebt sein. Ich weiß, du selber bist ihre Überraschung und wirst unser aller Überraschung sein im ewigen Jetzt deiner alles neuschaffenden Liebe.